中国三峡集团招标文件范本
项目类型：咨询服务

咨询服务类招标文件范本

（2017 年版）

中国长江三峡集团有限公司　编著

中国三峡出版传媒
中国三峡出版社

图书在版编目（CIP）数据

咨询服务类招标文件范本：2017年版/中国长江三峡集团有限公司编著．—北京：中国三峡出版社，2018.6

（中国三峡集团招标文件范本）

ISBN 978-7-5206-0043-9

Ⅰ.①咨… Ⅱ.①中… Ⅲ.①三峡水利工程—咨询服务—招标—文件—范本 Ⅳ.①TV632

中国版本图书馆CIP数据核字（2018）第136000号

责任编辑：李　东

中国三峡出版社出版发行

（北京市西城区西廊下胡同51号　100034）

电话：（010）57082645 57082655

http：//www.zgsxcbs.cn

E—mail：sanxiaz@sina.com

北京华联印刷有限公司印刷　新华书店经销

2018年6月第1版　2018年6月第1次印刷

开本：787×1092毫米　1/16　印张：11.5

字数：219千字

ISBN 978-7-5206-0043-9　定价：58.00元

编委会

前　言

1992年，经全国人大批准，三峡工程开工建设。中国长江三峡集团有限公司（原名“中国长江三峡工程开发总公司”，以下简称“三峡集团”）作为项目法人，积极推行“项目法人负责制、招标投标制、工程监理制、合同管理制”，对控制“质量、造价、进度”起到了重要作用。三峡工程招标采购管理的改革实践，引领了当时国内大水电招标采购管理，为国家制定招投标方面的法律法规提供了宝贵的实践经验。三峡工程吸引了全国乃至全世界优秀的建筑施工企业、物资供应商和设备制造商参与投标、竞争，三峡集团通过择优选取承包商，实现了资源的优化配置和工程投资的有效控制。三峡集团秉承“规范、公正、阳光、节资”的理念，打造“规范高效、风险可控、知识传承”的招标文件范本体系，持续在科学性和规范性上深耕细作，已发布了覆盖水电工程、新能源工程、咨询服务等领域的100多个招标文件范本。招标文件范本在公司内已经使用2年，对提高招标文件编制质量和工作效率发挥了良好的作用，促进了三峡集团招标投标活动的公开、公平和公正。

本系列招标文件范本遵照国家《标准施工招标文件》（2007年版）体例和条款，吸收三峡集团招标采购管理经验，按照标准化、规范化的原则进行编制。系列丛书分为水力发电工程建筑与安装工程、水力发电工程金结与机电设备、水力发电工程大宗与通用物资、咨询服务、新能源工程5类9册15个招标文件范本。在项目划分上充分考虑了实际项目招标需求，既包括传统的工程、设备、物资招标项目，也包括科研项目和信息化建设项目，具有较强的实用性。针对不同招标项目的特点选择不同的评标方法，制定了个性化的评标因素和合理的评标程序，为科学选择供应商提供依据；结合三峡集团的管理经验细化了合同条款，特别是水电工程施工、机电设备合同条款传承了三峡工程建设到金沙江4座巨型水电站建设的经验；编制了有前瞻性的技术条款和技术规范，部分项目采用了三峡标准，发挥企业标准的引领作用；对于近年来备受关注的电子招标投标、供应商信用评价、安全生产、廉洁管理、保密管理等方面，均编制了具备可操作性的条款。

招标文件编制涉及的专业面广，受编者水平所限，本系列招标文件范本难免有不妥当之处，敬请读者批评指正。

联系方式：ctg _ zbfb@ctg. com. cn。

编者

2018 年 6 月

目　录

科研项目招标文件范本

第一章　招标公告（未进行资格预审）…………（5）
1　招标条件…………（5）
2　项目概况与招标范围…………（5）
2.1　项目概况…………（5）
2.2　招标范围…………（5）
3　投标人资格要求…………（5）
4　招标文件的获取…………（6）
5　电子身份认证…………（6）
6　投标文件的递交…………（6）
7　发布公告的媒介…………（7）
8　联系方式…………（7）

第一章　投标邀请书（适用于邀请招标）…………（8）
1　招标条件…………（8）
2　项目概况与招标范围…………（8）
2.1　项目概况…………（8）
2.2　招标范围…………（8）
3　投标人资格要求…………（8）
4　招标文件的获取…………（9）
5　电子身份认证…………（9）
6　投标文件的递交…………（9）
7　确认…………（10）
8　联系方式…………（10）

第一章　投标邀请书（代资格预审通过通知书） …… (11)

第二章　投标人须知 …… (13)

投标人须知前附表 …… (13)

1　总则 …… (18)

1.1　项目概况 …… (18)

1.2　资金来源和落实情况 …… (18)

1.3　招标范围、服务期限和质量要求 …… (18)

1.4　投标人资格要求（适用于已进行资格预审的） …… (18)

1.4　投标人资格要求（适用于未进行资格预审的） …… (18)

1.5　费用承担 …… (19)

1.6　保密 …… (20)

1.7　语言文字 …… (20)

1.8　计量单位 …… (20)

1.9　踏勘现场 …… (20)

1.10　投标预备会 …… (21)

1.11　分包 …… (21)

1.12　偏离 …… (21)

2　招标文件 …… (21)

2.1　招标文件的组成 …… (21)

2.2　招标文件的澄清 …… (21)

2.3　招标文件的修改 …… (22)

2.4　对招标文件的异议 …… (22)

3　投标文件 …… (22)

3.1　投标文件的组成 …… (22)

3.2　投标报价 …… (23)

3.3　投标有效期 …… (23)

3.4　投标保证金 …… (23)

3.5　资格审查资料（适用于已进行资格预审的） …… (23)

3.6　资格审查资料（适用于未进行资格预审的） …… (23)

3.7　备选投标方案 …… (24)

3.8　投标文件的编制 …… (24)

4　投标 …………………………………………………………………………………………（25）
4.1　投标文件的密封和标记 ………………………………………………………………（25）
4.2　投标文件的递交 ………………………………………………………………………（25）
4.3　投标文件的修改与撤回 ………………………………………………………………（25）
4.4　投标文件的有效性 ……………………………………………………………………（26）
5　开标 …………………………………………………………………………………………（26）
5.1　开标时间和地点 ………………………………………………………………………（26）
5.2　开标程序（适用于电子开标） …………………………………………………………（26）
5.3　开标程序（适用于纸质投标文件开标） ………………………………………………（26）
5.4　电子招投标的应急措施 ………………………………………………………………（27）
5.5　开标异议 ………………………………………………………………………………（27）
5.6　开标监督与结果 ………………………………………………………………………（27）
6　评标 …………………………………………………………………………………………（28）
6.1　评标委员会 ……………………………………………………………………………（28）
6.2　评标原则 ………………………………………………………………………………（28）
6.3　评标 ……………………………………………………………………………………（28）
7　合同授予 ……………………………………………………………………………………（28）
7.1　定标方式 ………………………………………………………………………………（28）
7.2　中标候选人公示 ………………………………………………………………………（28）
7.3　中标通知 ………………………………………………………………………………（28）
7.4　履约担保 ………………………………………………………………………………（28）
7.5　签订合同 ………………………………………………………………………………（29）
8　重新招标和不再招标 ………………………………………………………………………（29）
8.1　重新招标 ………………………………………………………………………………（29）
8.2　不再招标 ………………………………………………………………………………（29）
9　纪律和监督 …………………………………………………………………………………（29）
9.1　对招标人的纪律要求 …………………………………………………………………（29）
9.2　对投标人的纪律要求 …………………………………………………………………（29）
9.3　对评标委员会成员的纪律要求 ………………………………………………………（29）
9.4　对与评标活动有关的工作人员的纪律要求 …………………………………………（30）
9.5　异议处理 ………………………………………………………………………………（30）
9.6　投诉 ……………………………………………………………………………………（31）
10　需要补充的其他内容 ………………………………………………………………………（31）

第三章　评标办法（综合评估法） …… (36)
评标办法前附表 …… (36)
1　评标方法 …… (38)
2　评审标准 …… (38)
2.1　初步评审标准 …… (38)
2.2　评分权重构成与评分标准 …… (38)
3　评标程序 …… (39)
3.1　初步评审 …… (39)
3.2　详细评审 …… (39)
3.3　投标文件的澄清和补正 …… (40)
3.4　评标结果 …… (41)

第四章　合同条款及格式 …… (42)

第五章　投标报价表 …… (57)
5.1　投标报价说明 …… (57)
5.2　报价清单表 …… (59)
5.3　投标报价辅助资料 …… (60)

第六章　图纸 …… (61)
6.1　图纸目录 …… (61)
6.2　图纸 …… (61)

第七章　技术规范和技术条款 …… (62)
7.1　科研项目说明 …… (62)
7.2　研究目的 …… (62)
7.3　研究主要内容 …… (62)
7.4　研究进度要求 …… (62)
7.5　考核指标 …… (63)
7.6　本项目适用的法律法规 …… (63)
7.7　技术标准和技术文件 …… (63)

第八章　投标文件格式 …… (64)
一、投标函 …… (66)
二、授权委托书、法定代表人身份证明 …… (67)
三、联合体协议书（如有） …… (69)
四、投标保证金 …… (70)
五、投标报价表 …… (73)
六、项目实施方案 …… (73)
七、偏差表 …… (74)
八、拟分包项目情况表 …… (75)
九、资格审查资料 …… (76)
十、其他材料 …… (80)

信息系统开发及实施项目招标文件范本

第一章　招标公告 …… (85)
1　招标条件 …… (85)
2　项目概况与招标范围 …… (85)
2.1　项目概况 …… (85)
2.2　招标范围 …… (85)
3　投标人资格要求 …… (85)
4　招标文件的获取 …… (86)
5　电子身份认证 …… (86)
6　投标文件的递交 …… (86)
7　发布公告的媒介 …… (87)
8　联系方式 …… (87)

第一章　投标邀请书（适用于邀请招标） …… (88)
1　招标条件 …… (88)
2　项目概况与招标范围 …… (88)
2.1　项目概况 …… (88)
2.2　招标范围 …… (88)
3　投标人资格要求 …… (88)

4 招标文件的获取 …… (89)
5 电子身份认证 …… (89)
6 投标文件的递交 …… (89)
7 确认 …… (90)
8 联系方式 …… (90)

第二章 投标人须知 …… (91)
投标人须知前附表 …… (91)
1 总则 …… (96)
1.1 项目概况 …… (96)
1.2 资金来源和落实情况 …… (96)
1.3 招标范围、交货要求、质量要求 …… (96)
1.4 投标人资格要求 …… (97)
1.5 费用承担 …… (97)
1.6 保密 …… (98)
1.7 语言文字 …… (98)
1.8 计量单位 …… (98)
1.9 踏勘现场 …… (98)
1.10 投标预备会 …… (99)
1.11 外购与分包制造 …… (99)
1.12 提交偏差表 …… (99)
2 招标文件 …… (99)
2.1 招标文件的组成 …… (99)
2.2 招标文件的澄清 …… (100)
2.3 招标文件的修改 …… (100)
3 投标文件 …… (100)
3.1 投标文件的组成 …… (100)
3.2 投标报价 …… (101)
3.3 投标有效期 …… (101)
3.4 投标保证金 …… (102)
3.5 资格审查资料 …… (102)
3.6 备选投标方案 …… (103)
3.7 投标文件的编制 …… (103)

4　投标 …… (103)
4.1　投标文件的密封和标记 …… (103)
4.2　投标文件的递交 …… (103)
4.3　投标文件的修改与撤回 …… (104)
4.4　投标文件的有效性 …… (104)
4.5　投标样品 …… (104)
5　开标 …… (105)
5.1　开标时间和地点 …… (105)
5.2　开标程序（适用于电子开标） …… (105)
5.3　开标程序（适用于纸质投标文件开标） …… (105)
5.4　电子招投标的应急措施 …… (106)
5.5　开标异议 …… (106)
5.6　开标监督与结果 …… (106)
6　评标 …… (106)
6.1　评标委员会 …… (106)
6.2　评标原则 …… (107)
6.3　评标 …… (107)
7　合同授予 …… (107)
7.1　定标方式 …… (107)
7.2　中标候选人公示 …… (107)
7.3　中标通知 …… (107)
7.4　履约担保 …… (107)
7.5　签订合同 …… (107)
8　重新招标和不再招标 …… (108)
8.1　重新招标 …… (108)
8.2　不再招标 …… (108)
9　纪律和监督 …… (108)
9.1　对招标人的纪律要求 …… (108)
9.2　对投标人的纪律要求 …… (108)
9.3　对评标委员会成员的纪律要求 …… (108)
9.4　对与评标活动有关的工作人员的纪律要求 …… (109)
9.5　异议处理 …… (109)
9.6　投诉 …… (110)

10　需要补充的其他内容 …………………………………………………… (110)

第三章　评标办法（综合评估法） ………………………………………… (114)
评标办法前附表 ……………………………………………………………… (114)
1　评标方法 …………………………………………………………………… (117)
2　评审标准 …………………………………………………………………… (117)
2.1　初步评审标准 ………………………………………………………… (117)
2.2　分值构成与评分标准 ………………………………………………… (117)
3　评标程序 …………………………………………………………………… (118)
3.1　初步评审 ……………………………………………………………… (118)
3.2　详细评审 ……………………………………………………………… (118)
3.3　投标文件的澄清和补正 ……………………………………………… (119)
3.4　评标结果 ……………………………………………………………… (119)

第四章　合同条款及格式 ………………………………………………… (120)
1　合同书 ……………………………………………………………………… (120)
2　合同条款 …………………………………………………………………… (121)
2.1　定义 …………………………………………………………………… (121)
2.2　适用性 ………………………………………………………………… (122)
2.3　合同标的 ……………………………………………………………… (123)
2.4　项目工期及执行地点 ………………………………………………… (123)
2.5　合同金额及支付方式 ………………………………………………… (124)
2.6　成果交付 ……………………………………………………………… (125)
2.7　合同验收 ……………………………………………………………… (126)
2.8　知识产权 ……………………………………………………………… (126)
2.9　培训与服务支持 ……………………………………………………… (127)
2.10　转委托 ……………………………………………………………… (128)
2.11　双方的责任与义务 ………………………………………………… (128)
2.12　承诺与保证 ………………………………………………………… (129)
2.13　违约责任 …………………………………………………………… (130)
2.14　不可抗力和免责条款 ……………………………………………… (130)
2.15　合同变更 …………………………………………………………… (131)
2.16　合同解除 …………………………………………………………… (131)

2.17 争议解决 …………………………………………………… (131)
2.18 保密事宜 …………………………………………………… (131)
2.19 履约保函 …………………………………………………… (132)
2.20 生效及其他 ………………………………………………… (132)

第五章 投标报价表 ……………………………………………… (140)
1 投标报价说明 ………………………………………………… (140)
2 报价清单表 …………………………………………………… (140)

第六章 图纸 ……………………………………………………… (142)

第七章 技术标准和要求 ………………………………………… (143)
1 项目概况 ……………………………………………………… (143)
1.1 总体概述 …………………………………………………… (143)
1.2 信息化建设现状 …………………………………………… (143)
1.3 术语与定义 ………………………………………………… (143)
2 采购内容 ……………………………………………………… (143)
2.1 系统主要目标 ……………………………………………… (144)
2.2 软件功能模块 ……………………………………………… (144)
2.3 系统集成与接口 …………………………………………… (144)
2.4 数据建设 …………………………………………………… (144)
2.5 应用实施 …………………………………………………… (144)
3 总体要求 ……………………………………………………… (144)
3.1 原则要求 …………………………………………………… (144)
3.2 技术要求 …………………………………………………… (145)
3.3 管理要求 …………………………………………………… (146)
3.4 建议方案要求 ……………………………………………… (148)
4 成果提交 ……………………………………………………… (148)
5 项目验收 ……………………………………………………… (149)
5.1 阶段验收 …………………………………………………… (149)
5.2 竣工验收 …………………………………………………… (149)
5.3 验收组织 …………………………………………………… (149)
5.4 验收依据 …………………………………………………… (149)

6　知识产权 …………………………………………………………………………… (150)
7　维护与支持 ………………………………………………………………………… (150)
8　保密要求 …………………………………………………………………………… (150)

第八章　投标文件格式 ……………………………………………………………… (151)
一、投标函 ………………………………………………………………………………… (153)
二、授权委托书、法定代表人身份证明 ……………………………………………… (154)
三、联合体协议书（如有） …………………………………………………………… (156)
四、投标保证金 …………………………………………………………………………… (157)
五、投标报价表 …………………………………………………………………………… (160)
六、技术方案 ……………………………………………………………………………… (160)
七、偏差表 ………………………………………………………………………………… (161)
八、拟分包项目情况表 …………………………………………………………………… (162)
九、资格审查资料 ………………………………………………………………………… (163)
十、其他材料 ……………………………………………………………………………… (165)

科研项目招标文件范本

中国三峡
China Three Gorges Corporation

QZCTG 04. 04. V2—2017

________科研项目

招标文件

招标编号：________________

招标人：

招标代理机构：

20____年____月____日

使用说明

一、《招标文件》适用于中国长江三峡集团有限公司科研项目招标。

二、本《服务招标文件范本》的章、节、条、款、项、目，供招标人和投标人选择使用；如有的条款不适用于招标项目，可在使用过程中注明“不适用”；以空格标示的由招标人填写的内容，招标人应根据招标项目具体特点和实际需要具体化，确实没有需要填写的，可在空格中用“/”标示。

三、招标人应按照《服务招标文件范本》第一章的格式发布招标公告，并将实际发布的招标公告编入出售的招标文件中，作为投标邀请。其中，招标公告应同时注明发布所在的所有媒介名称。

四、招标人应全文引用《服务招标文件范本》第二章“投标人须知”的正文内容，需要明确和细化的内容在“投标人须知前附表”中修改。

五、《服务招标文件范本》第三章“评标办法”规定采用综合评估法作为评标方法，各评审因素的评审标准、分值和权重等，原则上应不做修改的加以引用。

六、《服务招标文件范本》第四章“合同条款及格式”中的内容可根据项目实际情况进行完善和修改。

七、《服务招标文件范本》第五章“报价清单”由招标人根据招标项目具体特点和实际需要进行细化和完善，并与“投标人须知”、“合同条款及格式”、“服务标准和要求”相衔接。本章所附表格可根据有关规定作相应的调整和补充。

八、《服务招标文件范本》第七章“技术规范和技术标准”由招标人根据招标项目具体特点和实际需要编制。“服务标准和要求”中的各项服务标准应符合国家强制性标准，不得含有倾向或者排斥潜在投标人的其他内容。

九、《服务招标文件范本》第八章“投标文件格式”中的内容可根据项目实际情况进行完善和修改，但是投标文件的构成不应改变。

十、本《服务招标文件范本》为试行版，将根据实际执行过程中出现的问题及时进行修改。各使用单位或个人对《服务招标文件范本》的修改意见和建议，可向编制工作小组反映。

邮箱：ctg_zbfb@ctg.com.cn。

第一章　招标公告（未进行资格预审）

____________（项目名称）招标公告

1　招标条件

为解决________问题，______________拟进行______________科研项目（项目名称）招标，项目已获批准，项目资金来自________（资金来源），招标人为______________，招标代理机构为______________。项目已具备招标条件，现对该项目进行公开招标。

2　项目概况与招标范围

2.1　项目概况

________（说明本次招标项目的服务地点、规模等）。

2.2　招标范围

________说明本次招标项目的招标范围、标段划分（如果有）、计划服务期等。

3　投标人资格要求

3.1　投标人应同时具备以下资格条件：

资质条件：__________________；

业绩要求：__________________；

信誉要求：__________________；

人员要求：__________________；

财务要求：__________________；

其他要求：__________________。

3.2　本次招标______（接受或不接受）联合体投标。联合体投标的，应满足下列要求：________。

3.3　投标人不能作为其他投标人的分包人同时参加投标。单位负责人为同一人或者存在控股、管理关系的不同单位，不得参加同一标段投标或者未划分标段的同一招标项目投标。

3.4　各投标人均可就本招标项目的______（具体数量）个标段投标。

4　招标文件的获取

4.1　招标文件发售时间为____年____月____日____时整至____年____月____日____时整（北京时间，下同）。

4.2　招标文件每标段售价______元，售后不退。

4.3　有意向的投标人须登录中国长江三峡集团有限公司电子采购平台（网址：http：//epp.ctg.com.cn/，以下简称“电子采购平台”，服务热线电话：______________）进行免费注册成为注册供应商，在招标文件规定的发售时间内通过电子采购平台点击“报名”提交申请，并在“支付管理”模块勾选对应条目完成支付操作。潜在投标人可以选择在线支付或线下支付（银行汇款）完成标书款缴纳：

1）在线支付（单位或个人均可）时请先选择支付银行，然后根据页面提示进行支付，支付完成后电子采购平台会根据银行扣款结果自动开放招标文件下载权限；

2）线下支付（单位或个人均可）时须通过银行汇款将标书款汇至三峡国际招标有限责任公司的开户行：工商银行____________支行（账号：____________________）。线下支付成功后，潜在投标人须再次登录电子采购平台，依次填写支付信息、上传汇款底单并保存提交，招标代理机构工作人员核对标书款到账情况后开放下载权限。

4.4　若超过招标文件发售截止时间则不能在电子采购平台相应标段点击“报名”，将不能获取未报名标段的招标文件，也不能参与相应标段的投标，未及时按照规定在电子采购平台报名的后果，由投标人自行承担。

5　电子身份认证

本项目投标文件的网上提交部分需要使用电子钥匙（CA）加密后上传至电子采购平台（标书购买阶段不需使用 CA 电子钥匙）。相关电子钥匙（CA）须在北京______________________公司指定网站办理（网址：______________________，服务热线电话：______________），请潜在投标人及时办理，以免影响投标，由于未及时办理 CA 影响投标的后果，由投标人自行承担。

6　投标文件的递交

6.1　投标文件递交的截止时间（投标截止时间，下同）为____年____月____日____时整。本次投标文件的递交分现场递交和网上提交，现场递交的地点为______；网上提交的投标文件应在投标截止时间前上传至电子采购平台。

6.2　在投标截止时间前，现场递交的投标文件未送达到指定地点或者网上提交的投标文件未成功上传至电子采购平台的，招标人不予受理。

7　发布公告的媒介

本次招标公告同时在中国招标投标公共服务平台（http：//www.cebpubservice.com)、中国长江三峡集团有限公司电子采购平台（http：//epp.ctg.com.cn)、三峡国际招标有限责任公司网站（www.tgtiis.com）上发布。

8　联系方式

招标人：中国长江三峡集团有限公司	招标代理机构：三峡国际招标有限责任公司
地　址：＿＿＿＿＿＿＿＿	地　址：＿＿＿＿＿＿＿＿
邮　编：＿＿＿＿＿＿＿＿	邮　编：＿＿＿＿＿＿＿＿
联系人：＿＿＿＿＿＿＿＿	联系人：＿＿＿＿＿＿＿＿
电　话：＿＿＿＿＿＿＿＿	电　话：＿＿＿＿＿＿＿＿
传　真：＿＿＿＿＿＿＿＿	传　真：＿＿＿＿＿＿＿＿
电子邮箱：＿＿＿＿＿＿＿	电子邮箱：＿＿＿＿＿＿＿

招标采购监督：＿＿＿＿＿＿＿＿

联 系 人：＿＿＿＿＿＿＿＿

电　　话：＿＿＿＿＿＿＿＿

传　　真：＿＿＿＿＿＿＿＿

＿＿年＿＿月＿＿日

第一章　投标邀请书（适用于邀请招标）

＿＿＿＿＿＿（项目名称）投标邀请书

＿＿＿＿＿＿＿＿（被邀请单位名称）：

1　招标条件

为解决＿＿＿＿问题，中国长江三峡集团有限公司拟进行＿＿＿＿＿＿科研项目（项目名称）招标，项目已获批准，项目资金来自＿＿＿（资金来源），招标人为中国长江三峡集团有限公司，招标代理机构为三峡国际招标有限责任公司。项目已具备招标条件，现邀请你单位参加＿＿＿＿（项目名称及标段）投标。

2　项目概况与招标范围

2.1　项目概况

＿＿＿＿＿（说明本次招标项目的建设地点、规模等）。

2.2　招标范围

＿＿＿＿＿说明本次招标项目的招标范围、标段划分（如果有）、计划工期等。

3　投标人资格要求

3.1　投标人应同时具备以下资格条件：

资质条件：＿＿＿＿＿＿＿＿＿＿；

财务要求：＿＿＿＿＿＿＿＿＿＿；

业绩要求：＿＿＿＿＿＿＿＿＿＿；

信誉要求：＿＿＿＿＿＿＿＿＿＿；

人员要求：＿＿＿＿＿＿＿＿＿＿；

其他要求：＿＿＿＿＿＿＿＿＿＿。

3.2　本次招标＿＿＿＿（接受或不接受）联合体投标。联合体投标的，应满足下列要求：＿＿＿＿＿。

3.3　投标人不能作为其他投标人的分包人同时参加投标。单位负责人为同一人或者存在控股、管理关系的不同单位，不得参加同一标段投标或者未划分标段的同一招标项目投标。

4　招标文件的获取

4.1　招标文件发售时间为____年____月____日____时整至____年____月____日____时整（北京时间，下同）。

4.2　招标文件每标段售价______元，售后不退。

4.3　有意向的投标人须登录中国长江三峡集团有限公司电子采购平台（网址：http：//epp.ctg.com.cn/，以下简称“电子采购平台”，服务热线电话：________）进行免费注册成为注册供应商，在招标文件规定的发售时间内通过电子采购平台点击“报名”提交申请，并在“支付管理”模块勾选对应条目完成支付操作。潜在投标人可以选择在线支付或线下支付（银行汇款）完成标书款缴纳：

1）在线支付（单位或个人均可）时请先选择支付银行，然后根据页面提示进行支付，支付完成后电子采购平台会根据银行扣款结果自动开放招标文件下载权限；

2）线下支付（单位或个人均可）时须通过银行汇款将标书款汇至三峡国际招标有限责任公司的开户行：工商银行____________支行（账号：__________________）。线下支付成功后，潜在投标人须再次登录电子采购平台，依次填写支付信息、上传汇款底单并保存提交，招标代理机构工作人员核对标书款到账情况后开放下载权限。

4.4　如超过招标文件发售截止时间则不能在电子采购平台相应标段点击“报名”，将不能获取未报名标段的招标文件，也不能参与相应标段的投标，未及时按照规定在电子采购平台报名的后果，由投标人自行承担。

5　电子身份认证

本项目投标文件的网上提交部分需要使用电子钥匙（CA）加密后上传至电子采购平台（标书购买阶段不需使用CA电子钥匙）。相关电子钥匙（CA）须在北京____________________________公司指定网站办理（网址：http：//sanxia.szzsfw.com/，服务热线电话：________________），请潜在投标人及时办理，以免影响投标，由于未及时办理CA影响投标的后果，由投标人自行承担。

6　投标文件的递交

6.1　投标文件递交的截止时间（投标截止时间，下同）为____年____月____日____时整。本次投标文件的递交分现场递交和网上提交，现场递交的地点为______；网上提交的投标文件应在投标截止时间前上传至电子采购平台。

6.2　在投标截止时间前，现场递交的投标文件未送达到指定地点或者网上提交的投标文件未成功上传至电子采购平台的，招标人不予受理。

7　确认

你单位收到本投标邀请书后，请于______年______月______日______时整前以传真或电子邮件方式予以确认。

8　联系方式

招标人：__________________	招标代理机构：三峡国际招标有限责任公司
地　址：__________________	地　址：__________________
邮　编：__________________	邮　编：__________________
联系人：__________________	联系人：__________________
电　话：__________________	电　话：__________________
传　真：__________________	传　真：__________________
电子邮箱：________________	电子邮箱：________________

招标采购监督：______________

联 系 人：______________

电　　话：______________

传　　真：______________

______年______月______日

第一章　投标邀请书（代资格预审通过通知书）

______________（项目名称）投标邀请书

______________（被邀请单位名称）：

你单位已通过资格预审，现邀请你单位按招标文件规定的内容，参加__________（项目名称）__________标段投标。

请你单位于____年____月____日____时整至____年____月____日____时整（北京时间）按下列要求购买招标文件。

招标文件每标段售价______元，售后不退。

请登陆中国长江三峡集团有限公司电子采购平台（网址：____________________，以下简称电子采购平台，服务热线电话：______________）进行免费注册成为注册供应商，并在规定的招标文件发售时间内通过电子采购平台按标段点击“报名”提交参与投标申请、交纳标书款、下载招标文件电子版。标书款须通过银行汇款（汇款人可以是单位或经办人）至三峡国际招标有限责任公司的开户行：工商银行__________支行（账号：__________________）。投标人汇款后须登录电子采购平台，在“支付管理”模块勾选对应条目，填写支付信息、上传汇款底单并保存提交。

如超过招标文件发售截止时间则不能在电子采购平台相应标段点击“报名”，将不能获取未报名标段的招标文件，也不能参与相应标段的投标，未及时按照规定在电子采购平台报名的后果，由投标人自行承担。

投标文件递交的截止时间（投标截止时间，下同）为____年__月____日____时整。本次投标文件的递交分现场递交和网上提交，现场递交的地点为______；网上提交的投标文件应在投标截止时间前上传至电子采购平台。

在投标截止时间前，现场递交的投标文件未送达到指定地点或者网上提交的投标文件未成功上传至电子采购平台的，招标人不予受理。

你单位收到本投标邀请书后，请于____年____月____日____时整前以传真或电子邮件方式予以确认。

招标人：中国长江三峡集团有限公司	招标代理机构：三峡国际招标有限责任公司
地　址：＿＿＿＿＿＿＿＿	地　址：＿＿＿＿＿＿＿＿
邮　编：＿＿＿＿＿＿＿＿	邮　编：＿＿＿＿＿＿＿＿
联系人：＿＿＿＿＿＿＿＿	联系人：＿＿＿＿＿＿＿＿
电　话：＿＿＿＿＿＿＿＿	电　话：＿＿＿＿＿＿＿＿
传　真：＿＿＿＿＿＿＿＿	传　真：＿＿＿＿＿＿＿＿
电子邮箱：＿＿＿＿＿＿＿	电子邮箱：＿＿＿＿＿＿＿

招标采购监督：＿＿＿＿＿＿＿＿

联 系 人：＿＿＿＿＿＿＿＿

电　　话：＿＿＿＿＿＿＿＿

传　　真：＿＿＿＿＿＿＿＿

＿＿＿＿年＿＿＿＿月＿＿＿＿日

第二章　投标人须知

投标人须知前附表

条款号	条款名称	编列内容
1.1.2	招标人	名称： 地址： 联系人： 电话： 电子邮箱：
1.1.3	招标代理机构	名称：三峡国际招标有限责任公司 地址： 联系人： 电话： 电子邮箱：
1.1.4	项目名称	
1.1.5	建设地点	
1.2.1	资金来源	
1.2.2	出资比例	
1.2.3	资金落实情况	
1.3.1	招标范围	本项目招标范围如下：
1.3.2	服务期限	
1.3.3	质量要求	
1.4.1	投标人资质条件、能力和信誉	资质条件： 财务要求： 业绩要求： 信誉要求：未处于中国长江三峡集团有限公司限制投标的专业范围及期限内 人员要求： 其他要求：
1.4.2	是否接受联合体投标	□不接受 □接受，应满足下列要求：
1.5	费用承担	其中中标服务费： □由中标人向招标代理机构支付，适用于本须知1.5款______服务类招标收费标准。 □其他方式：

续表

条款号	条款名称	编列内容
1.9.1	踏勘现场	□不组织 □组织，踏勘时间： 踏勘集中地点：
1.10.1	投标预备会	□不召开 □召开，召开时间： 召开地点：
1.10.2	投标人提出问题的截止时间	投标预备会____天前
1.10.3	招标人书面澄清的时间	投标截止日期__天前
1.11	分包	□不允许 □允许，分包内容要求： 分包金额要求： 接受分包的第三人资质要求：
1.12	实质性负偏差的内容	对招标文件的支付、服务期限、违约、争议解决方法、保函等
2.1.2	构成招标文件的其他材料	招标文件的澄清与修改
2.2.1	投标人要求澄清招标文件的截止时间	投标截止日期前__天
2.2.2	投标截止时间	____年____月____日____时____整
2.2.3	投标人确认收到招标文件澄清的时间	收到通知后 24 小时内
2.3.2	投标人确认收到招标文件修改的时间	收到通知后 24 小时内
3.1.1	构成投标文件的其他材料	
3.2.3	最高投标限价或其计算方法	
3.3.1	投标有效期	自投标截止之日起__天
3.4.1	投标保证金	□不要求递交投标保证金 ☑要求递交投标保证金 投标文件应附上一份符合招标文件规定的投标保证金，金额为人民币________万元/标段。 **1. 递交形式** 通过在线支付或线下支付递交的投标保证金或由国内银行的省、地市级分行出具的银行保函，不接受汇票、支票或现钞等其他方式。 **2. 递交办法** 2.1　使用在线支付或线下缴纳投标保证金 潜在投标人须登录电子采购平台，于投标截止时间前在“投标管理-投标”菜单中选择项目并点击“支付保证金”，并在“支付管理”模块勾选对应条目完成支付操作。潜在投标人可以选择在线支付或线下支付进行缴纳： （1）在线支付（通过“B2B”即企业银行对公支付）保证金时，请根据页面提示选择支付银行进行支付； （2）线下支付投标保证金时，潜在投标人须通过银行汇款至招标代理机构，汇款成功后，再次登录电子采购平台，依次填写支付信息、上传汇款底单并保存提交； 2.2　使用银行保函缴纳投标保证金 潜在投标人须开具有效的银行保函，登录电子采购平台，在线

续表

条款号	条款名称	编列内容
3.4.1	投标保证金	下支付付款方式中选“保函”，并上传银行保函彩色扫描件。 **3. 递交时间** 潜在投标人选择在线支付方式缴纳投标保证金时，须确保在投标截止时间前投标保证金被扣款成功，否则其投标文件将被否决；选择线下支付缴纳投标保证金时，在投标截止时间前，投标保证金须成功汇至招标代理机构银行账户上，否则其投标文件将被否决；选择银行保函作为投标保证金时，在投标截止时间前，银行保函原件必须随纸质投标文件一起递交招标代理机构，否则其投标将被否决。 **4. 退还信息** 《投标保证金退还信息及中标服务费交纳承诺书》原件应单独密封，并在封面注明“投标保证金退还信息”，随投标文件一同递交。 **5. 投标保证金收款信息** 开户银行：工商银行＿＿＿＿＿＿支行 账号：＿＿＿＿＿＿＿＿＿＿ 行号：＿＿＿＿ 开户名称：三峡国际招标有限责任公司 汇款用途：BZJ
3.4.3	投标保证金的退还	**1. 使用在线支付或线下支付投标保证金方式** 未中标投标人的投标保证金，将在中标人和招标人签订书面合同后5日内予以退还，并同时退还投标保证金利息；中标人的投标保证金将在其与招标人签订书面合同并提供履约担保（如招标文件有要求）、由招标代理机构扣除中标服务费用后5日内将余额退还（如不足，需在接到招标代理机构通知后5个工作日内补足差额）。 投标保证金利息按收取保证金之日的中国人民银行同期活期存款利率计息，遇利率调整不分段计息。存款利息计算时，本金以“元”为起息点，利息的金额也算至元位，元位以下四舍五入。按投标保证金存放期间计算利息，存放期间一律算头不算尾，即从开标日起算至退还之日前一天止；全年按360天，每月均按30天计算。 **2. 使用银行保函方式** 未中标投标人的银行保函原件，将在中标人和招标人签订书面合同后5日内退还；中标人的保函将在中标人和招标人签订书面合同、提供履约担保（如招标文件有要求）且支付中标服务费后5日内无息退还。
3.5.2	近年财务状况的年份要求	＿＿年，＿＿年至＿＿年
3.5.3	近年完成的类似项目的年份要求	＿＿年，＿＿年＿＿月＿＿日至＿＿年＿＿月＿＿日
3.5.5	近年发生的诉讼及仲裁情况的年份要求	＿＿年，＿＿年＿＿月＿＿日至＿＿年＿＿月＿＿日
3.6	是否允许递交备选投标方案	□不允许 □允许
3.7.3	现场递交投标文件份数	现场递交纸质投标文件正本1份、副本＿份和电子版＿份（U盘）。

续表

条款号	条款名称	编列内容
3.7.4	纸质投标文件签字或盖章要求	按招标文件第八章投标文件格式要求，签字或盖单位章
3.7.5	纸质投标文件装订要求	纸质投标文件应按以下要求装订：装订应牢固、不易拆散和换页，不得采用活页装订。
3.7.6	现场递交的投标文件 电子版（U盘）格式	投标报价应使用 .xlsx 进行编制，其他部分的电子版文件可用 .docx、. xlsx 或 PDF 等格式进行编制（不需要盖章）
3.7.7	网上提交的电子投标文件中格式	第八章“投标文件格式”中的投标函和授权委托书采用签字盖章后的彩色扫描件；其他部分的电子版文件应采用 .docx、. xlsx 或 PDF 格式进行编制
4.1.2	封套上写明	项目名称及标段： 投标人名称、地址：＿＿（加盖单位章）＿＿ 文件名称：投标文件正本、投标文件副本、投标文件电子版或投标保证金退还信息 在＿＿年＿＿月＿＿日＿＿时整前不得开启
4.2	投标文件的递交	**本条款补充内容如下：** **投标文件分为网上提交和现场递交两部分。** **（1）网上提交** 应按照中国长江三峡集团有限公司电子采购平台（以下简称“电子采购平台”）的要求将编制好的文件加密后上传至电子采购平台（具体操作方法详见＜http：//epp. ctg. com. cn＞网站中“使用指南”）。 **（2）现场递交** 投标人应将纸质投标文件的正本、副本、电子版、投标保证金退还信息、银行保函原件分别密封递交。纸质版、电子版应包含投标文件的全部内容。
4.2.2	投标文件网上提交	网上提交：中国长江三峡集团有限公司电子采购平台（http：//epp. ctg. com. cn/） （1）电子采购平台提供了投标文件各部分内容的上传通道，其中： “投标保证金支付凭证”应上传投标保证金汇款凭证、“投标保证金退还信息、中标服务费交纳承诺书”以及银行保函（如有）彩色扫描件； “评标因素应答对比表”本项目不适用。 （2）电子采购平台中的“商务文件”（2个通道）、“技术文件”（2个通道）、“投标报价文件”（1个通道）和“其他文件”（1个通道），每个通道最大上传文件容量为100M。商务文件、技术文件超过最大上传容量时，投标人可将资格审查资料、图纸文件从“其他文件”通道进行上传；若容量仍不能满足，则将未上传的部分在投标文件格式文件十中进行说明，并将未上传部分包含在现场提交的电子文件中。
4.2.3	投标文件现场递交地点	现场递交至：　　会议室
4.2.4	是否退还投标文件	□否 □是
5.1	开标时间和地点	开标时间：同投标截止时间 开标地点：同投标文件现场递交地点

续表

条款号	条款名称	编列内容
7.2	中标候选人公示	招标人在中国招标投标公共服务平台（http：//www.cebpubservice.com）、中国长江三峡集团有限公司电子采购平台（http：//epp.ctg.com.cn/）网站上公示中标候选人，公示期3个工作日。
7.4.1	履约担保	履约担保的形式：银行保函或保证金 履约担保的金额：签约合同价的__% 开具履约担保的银行：须招标人认可，否则视为投标人未按招标文件规定提交履约担保，投标保证金将不予退还。 300万元及以上合同，签订前必须提供履约保函；300万元以下合同，可按项目实际情况明确是否需要履约保函。
10	需要补充的其他内容	
10.1	知识产权	构成本招标文件各个组成部分的文件，未经招标人书面同意，投标人不得擅自复印和用于非本招标项目所需的其他目的。招标人全部或者部分使用未中标人投标文件中的技术成果或技术方案时，需征得其书面同意，并不得擅自复印或提供给第三人。
10.2	电子注册	投标人应登录中国长江三峡集团有限公司电子采购平台（http：//epp.ctg.com.cn）进行免费注册。 **未进行注册的投标人，将无法参加投标报名并获取进一步的信息。** 本项目投标文件的网上提交部分需要使用电子身份认证（CA）加密后上传至电子采购平台（标书购买阶段不需使用电子钥匙），相关电子身份认证（CA）须在北京天威诚信电子商务服务有限公司指定网站办理（网址是：http：//sanxia.szzsfw.com）。请潜在投标人及时办理，并在投标截止时间至少3日前确认电子钥匙的使用可靠性，未办理及确认导致的影响投标或投标文件被拒收的后果，由投标人自行承担。 具体办理方法：一、请登录电子采购平台（http：//epp.ctg.com.cn/）在右侧点击“使用指南”，之后点击“CA电子钥匙办理指南V1.1”，下载PDF文件后查看办理方法；二、请直接登录指定网站（http：//sanxia.szzsfw.com），点击右上角用户注册，注册用户名及密码，之后点击“立即开始数字证书申请”，按照引导流程完成办理。（**温馨提示：电子钥匙办理完成网上流程后需快递资料，办理周期从快递到件计算5个工作日完成。已办理电子钥匙的请核对有效期，必要时及时办理延期！**）
10.3	投标人须遵守的国家法律法规和规章，及中国长江三峡集团有限公司相关管理制度	
10.3.1	国家法律法规和规章	投标人在投标活动中须遵守包括但不限于以下法律法规和规章： (1)《中华人民共和国合同法》 (2)《中华人民共和国民法通则》 (3)《中华人民共和国招标投标法》 (4)《中华人民共和国招标投标法实施条例》 (5)《关于废止和修改部分招标投标规章和规范性文件的决定》(国家发展改革委等9部门令第23号)

续表

条款号	条款名称	编列内容
10.3.2	中国长江三峡集团有限公司相关管理制度	投标人在投标活动和项目实施过程中须遵守以下中国长江三峡集团有限公司相关管理制度（包括但不限于）： （1）《中国长江三峡集团有限公司供应商信用评价管理办法》 （2）《中国长江三峡集团有限公司科技工作管理制度》 （3）《中国长江三峡集团有限公司科研项目管理办法》 （4）《中国长江三峡集团有限公司科技创新成果奖励办法》 （5）《中国长江三峡集团有限公司知识产权管理办法》 （6）《中国长江三峡集团有限公司科技创新考核管理办法》
10.3.3	中国长江三峡集团有限公司相关企业标准	三峡企业标准：__________
10.4	投标人和其他利害关系人认为本次招标活动中涉及个人违反廉洁自律规定的，可通过招标公告中的招标采购监督电话等方式举报	

1　总则

1.1　项目概况

1.1.1　根据《中华人民共和国招标投标法》等有关法律、法规和规章的规定，本招标项目已具备招标条件，现对本招标项目进行招标。

1.1.2　本招标项目招标人：见投标人须知前附表。

1.1.3　本招标项目招标代理机构：见投标人须知前附表。

1.1.4　本招标项目名称：见投标人须知前附表。

1.1.5　本招标项目服务地点：见投标人须知前附表。

1.2　资金来源和落实情况

1.2.1　本招标项目的资金来源：见投标人须知前附表。

1.2.2　本招标项目的出资比例：见投标人须知前附表。

1.2.3　本招标项目的资金落实情况：见投标人须知前附表。

1.3　招标范围、服务期限和质量要求

1.3.1　本次招标范围：见投标人须知前附表。

1.3.2　本招标项目的服务期限：见投标人须知前附表。

1.3.3　本招标项目的质量要求：见投标人须知前附表。

1.4　投标人资格要求（适用于已进行资格预审的）

投标人应是收到招标人发出投标邀请书的单位。

1.4　投标人资格要求（适用于未进行资格预审的）

1.4.1　投标人应具备承担本招标项目的资质条件、能力和信誉。相关资质要求如下：

1）资质条件：见投标人须知前附表；

2）业绩要求：见投标人须知前附表；

3）信誉要求：见投标人须知前附表；

4）人员要求：见投标人须知前附表；

5）财务要求：见投标人须知前附表；

6）其他要求：见投标人须知前附表。

1.4.2　投标人须知前附表规定接受联合体投标的，除应符合本章第1.4.1项和投标人须知前附表的要求外，还应遵守以下规定：

1）联合体各方应按招标文件提供的格式签订联合体协议书，明确联合体牵头人和各成员方权利义务；

2）由同一专业的单位组成的联合体，按照资质等级较低的单位确定联合体的资质等级；

3）联合体各方不得再以自己名义单独或参加其他联合体在同一标段中投标。

1.4.3　投标人不得存在下列情形之一：

1）为招标人不具有独立法人资格的附属机构（单位）；

2）投标人不得直接或间接地与为本次招标编制技术规格和其他文件或提供咨询服务的公司包括其附属机构有关联；

3）被责令停业的；

4）被暂停或取消投标资格的；

5）财产被接管或冻结的；

6）最近三年内有骗取中标或严重违约或重大质量问题的；

7）处于中国长江三峡集团有限公司限制投标的专业范围及期限内。

1.4.4　投标人不能作为其他投标人的分包人同时参加投标。单位负责人为同一人或者存在控股、管理关系的不同单位，不得参加同一标段投标或者未划分标段的同一招标项目投标。

1.5　费用承担

投标人在本次投标过程中所发生的一切费用，不论中标与否，均由投标人自行承担，招标人和招标代理机构在任何情况下均无义务和责任承担这些费用。本项目招标工作由三峡国际招标有限责任公司作为招标代理机构负责组织，中标服务费用由中标人向招标代理机构支付，收费类别见投标人须知前附表。具体金额按照下表（中标服务费收费标准）计算执行。投标人投标费用中应包含拟支付给招标代理机构的中标服务费，该费用在投标报价表中不单独列出。

中标服务费用在合同签订后5日内，由招标代理机构直接从中标人的投标保证金中扣付。投标保证金不足支付中标服务费用时，中标人应补足差额。招标代理机构收取中标服务费用后，向中标人开具相应金额的服务费发票。

中标服务费收费标准

服费务类型	工程类	货物类	服务类
中标金额（万元）			
100以下	1.00%	1.5%	1.5%
100～500	0.70%	1.1%	0.8%
500～1000	0.55%	0.8%	0.45%
1000～5000	0.35%	0.5%	0.25%
5000～10000	0.20%	0.25%	0.1%
10000～50000	0.05%	0.05%	0.05%
50000～100000	0.035%	0.035%	0.035%
100000～500000	0.008%	0.008%	0.008%
500000～1000000	0.006%	0.006%	0.006%
1000000以上	0.004%	0.004%	0.004%

注：中标服务费按差额定率累进法计算。例如：某服务类招标代理业务中标金额为900万元，计算中标服务收费额如下：
100万元×1.5%=1.5万元
（500—100）万元×0.8%=3.2万元
（900—500）万元×0.45%=1.8万元
合计收费=1.5万元+3.2万元+1.8万元=6.5万元

1.6　**保密**

参与招标投标活动的各方应对招标文件和投标文件中的商业和技术等秘密保密，违者应对由此造成的后果承担法律责任。

1.7　**语言文字**

除专用术语外，与招标投标有关的语言均使用中文。必要时专用术语应附有中文注释。

1.8　**计量单位**

所有计量均采用中华人民共和国法定计量单位。

1.9　**踏勘现场**

1.9.1　投标人须知前附表规定组织踏勘现场的，招标人按投标人须知前附表规定的时间、地点组织投标人踏勘项目现场。

1.9.2　投标人踏勘现场发生的费用自理。

1.9.3　除招标人的原因外，投标人自行负责在踏勘现场中所发生的人员伤亡和财产损失。

1.9.4　招标人在踏勘现场中介绍的工程场地和相关的周边环境情况，供投标人在编制投标文件时参考，招标人不对投标人据此作出的判断和决策负责。

1.10　投标预备会

1.10.1　投标人须知前附表规定召开投标预备会的，招标人按投标人须知前附表规定的时间和地点召开投标预备会，澄清投标人提出的问题。

1.10.2　投标人应在投标人须知前附表规定的时间前，在电子采购平台上以电子文件的形式将提出的问题送达招标人，以便招标人在会议期间澄清。

1.10.3　投标预备会后，招标人在投标人须知前附表规定的时间内，将对投标人所提问题的澄清，在电子采购平台上以电子文件的形式通知所有购买招标文件的投标人。该澄清内容为招标文件的组成部分。

1.11　分包

投标人拟在中标后将中标项目的部分非主体、非关键性工作进行分包的，应符合投标人须知前附表规定的分包内容、分包金额和接受分包的第三人资质要求等限制性条件。

1.12　偏离

投标人对投标人须知前附表中规定的内容提出负偏差将被认为是对招标文件的非实质性响应，其投标文件可能被拒绝。

2　招标文件

2.1　招标文件的组成

2.1.1　本招标文件包括：

第一章，招标公告/投标邀请书；

第二章，投标人须知；

第三章，评标办法；

第四章，合同条款及格式；

第五章，投标报价表；

第六章，图纸；

第七章，技术规范和技术条款；

第八章，投标文件格式。

2.1.2　根据本章第1.10款、第2.2款和第2.3款对招标文件所作的澄清、修改，构成招标文件的组成部分。

2.2　招标文件的澄清

2.2.1　投标人应仔细阅读和检查招标文件的全部内容。如发现缺页或附件不全，应及时向招标人提出，以便补齐。如有疑问，应在投标人须知前附表规定的时间前在电子采购平台上以电子文件形式，要求招标人对招标文件予以澄清。

2.2.2　招标文件的澄清将在投标人须知前附表规定的投标截止时间 15 天前在电子采购平台上以电子文件形式发给所有购买招标文件的投标人，但不指明澄清问题的来源。如果澄清发出的时间距投标截止时间不足 15 天，并且澄清内容影响投标文件编制的，招标人相应延长投标截止时间。

2.2.3　投标人在收到澄清后，应在投标人须知前附表规定的时间内以书面形式通知招标人，确认已收到该澄清。未及时确认的，将根据电子采购平台下载记录默认潜在投标人已收到该澄清文件。

2.3　招标文件的修改

2.3.1　在投标截止时间 15 天前，招标人在电子采购平台上以电子文件形式修改招标文件，并通知所有已购买招标文件的投标人。如果修改招标文件的时间距投标截止时间不足 15 天，并且修改内容影响投标文件编制的，招标人相应延长投标截止时间。

2.3.2　投标人收到修改内容后，应在投标人须知前附表规定的时间内以书面形式通知招标人，确认已收到该修改。未及时确认的，将根据电子采购平台下载记录默认潜在投标人已收到该修改文件。

2.4　对招标文件的异议

2.4.1　对招标文件及其修改和补充文件的异议由招标代理机构受理。具体要求见本章第 9.5 款规定。

3　投标文件

3.1　投标文件的组成

3.1.1　投标文件应包括下列内容：

1）投标函；

2）法定代表人身份证明或附有法定代表人身份证明的授权委托书；

3）联合体协议书；

4）投标保证金；

5）投标报价表；

6）项目实施方案；

7）偏差表；

8）拟分包项目情况表；

9）资格审查资料；

10）其他材料。

3.1.2　投标人须知前附表规定不接受联合体投标的，或投标人没有组成联合体的，投标文件不包括本章第 3.1.1　3）目所指的联合体协议书。

3.2 投标报价

3.2.1 投标人应按第五章“投标报价表”的要求填写相应表格。

3.2.2 投标人在投标截止时间前修改投标函中的投标总报价，应同时修改第五章“投标报价表”中的相应报价，投标报价总额为各分项金额之和。此修改须符合本章第4.3款的有关要求。

3.2.3 招标人设有最高投标限价的，投标人的投标报价不得超过最高投标限价，最高投标限价或其计算方法在投标人须知前附表中载明。

3.3 投标有效期

3.3.1 在投标人须知前附表规定的投标有效期内，投标人不得要求撤销或修改其投标文件。

3.3.2 出现特殊情况需要延长投标有效期的，招标人在电子采购平台上以电子文件形式通知所有投标人延长投标有效期。投标人同意延长的，应相应延长其投标保证金的有效期，但不得要求或被允许修改或撤销其投标文件；投标人拒绝延长的，其投标失效，但投标人有权收回其投标保证金。

3.4 投标保证金

3.4.1 投标人在递交投标文件的同时，应按投标人须知前附表规定的金额、担保形式和第八章“投标文件格式”规定的投标保证金格式递交投标保证金，并作为其投标文件的组成部分。联合体投标的，其投标保证金由牵头人递交，并应符合投标人须知前附表的规定。

3.4.2 投标人不按本章第3.4.1项要求提交投标保证金的，其投标将被否决。

3.4.3 招标人与中标人签订合同后5日内，向未中标的投标人和中标人退还投标保证金及同期银行存款利息。具体要求见投标人须知前附表的规定。

3.4.4 有下列情形之一的，投标保证金将不予退还：

1）投标人在规定的投标有效期内撤销或修改其投标文件；

2）中标人在收到中标通知书后，无正当理由拒签合同协议书或未按招标文件规定提交履约担保。

3.5 资格审查资料（适用于已进行资格预审的）

投标人在编制投标文件时，应按新情况更新或补充其在申请资格预审时提供的资料，以证实其各项资格条件仍能继续满足资格预审文件的要求，具备承担本招标项目服务的资质条件、能力和信誉。

3.6 资格审查资料（适用于未进行资格预审的）

3.6.1 “投标人基本情况表”应附投标人营业执照副本、资质证书副本等材料的扫描件。

3.6.2 “近年财务状况表”应附经会计师事务所或审计机构审计的财务会计报表，包括资产负债表、现金流量表、利润表和财务情况说明书的扫描件，具体年份要求见投标人须知前附表。

3.6.3 “近年完成的类似项目情况表”应附中标通知书和（或）合同协议书、验收报告的扫描件，具体年份要求见投标人须知前附表。每张表格只填写一个项目，并标明序号。

3.6.4 “正在实施和新承接的项目情况表”应附中标通知书和（或）合同协议书扫描件。每张表格只填写一个项目，并标明序号。

3.6.5 “近年发生的诉讼及仲裁情况”应说明相关情况，并附法院或仲裁机构作出的判决、裁决等有关法律文书扫描件，具体年份要求见投标人须知前附表。

3.6.6 投标人须知前附表规定接受联合体投标的，本章第3.5.1项至第3.5.5项规定的表格和资料应包括联合体各方相关情况。

3.7 备选投标方案

除投标人须知前附表另有规定外，投标人不得递交备选投标方案。允许投标人递交备选投标方案的，只有中标人所递交的备选投标方案方可予以考虑。评标委员会认为中标人的备选投标方案优于其按照招标文件要求编制的投标方案的，招标人可以接受该备选投标方案。

3.8 投标文件的编制

3.8.1 投标文件应按第八章“投标文件格式”进行编写，如有必要，可以增加附页，作为投标文件的组成部分。其中，投标函附录在满足招标文件实质性要求的基础上，可以提出比招标文件要求更有利于招标人的承诺。

3.8.2 投标文件应当对招标文件有关服务期限、投标有效期、质量要求、技术规范和技术条款、招标范围等实质性内容作出响应。

3.8.3 投标文件包括网上提交的电子文件和纸质文件，现场递交的投标文件电子版（U盘），具体数量要求见投标人须知前附表。

3.8.4 纸质投标文件应用不褪色的材料书写或打印，并由投标人的法定代表人或其委托代理人签字或盖单位章。委托代理人签字的，投标文件应附法定代表人签署的授权委托书。投标文件应尽量避免涂改、行间插字或删除。如果出现上述情况，改动之处应加盖单位章或由投标人的法定代表人或其授权的代理人签字确认。所有投标文件均需使用阿拉伯数字从前至后逐页编码。签字或盖章的具体要求见投标人须知前附表。

3.8.5 现场递交的纸质投标文件的正本与副本应分别装订成册，具体装订要求见投标人须知前附表规定。

3.8.6　现场递交的投标文件电子版（U盘）应为未加密的电子文件，并应按照投标人须知前附表规定的格式进行编制。

3.8.7　网上提交的电子投标文件应按照投标人须知前附表规定格式进行编制。

4　投标

4.1　投标文件的密封和标记

4.1.1　投标文件现场递交部分应进行包装、加贴封条，并在封套的封口处加盖投标人单位章；网上提交的电子投标文件应加密后提交。

4.1.2　投标文件现场递交部分的封套上应写明的内容见投标人须知前附表。

4.1.3　未按本章第4.1.1项或第4.1.2项要求密封和加写标记的投标文件，招标人不予受理。

4.2　投标文件的递交

4.2.1　投标人应在投标人须知前附表规定的投标截止时间前分别在网上和现场递交投标文件。

4.2.2　投标文件网上提交：投标人应按照投标人须知前附表要求将编制好的投标文件加密后上传至电子采购平台（具体操作方法详见＜http：//epp.ctg.com.cn＞网站中“使用指南”）。

4.2.3　投标人现场递交投标文件（包括纸质版和电子版）的地点：见投标人须知前附表。

4.2.4　除投标人须知前附表另有规定外，投标人所递交的投标文件不予退还。

4.2.5　在投标截止时间前，现场递交的投标文件未送达到指定地点或者网上提交的投标文件未成功上传至电子采购平台，招标人不予受理。

4.3　投标文件的修改与撤回

4.3.1　在本章第2.2.2项规定的投标截止时间前，投标人可以修改或撤回已递交的投标文件，但应以书面形式通知招标人。

4.3.2　投标人如要修改投标文件，必须在修改后再重新上传电子文件；现场递交的投标文件相应修改。投标人修改或撤回已递交投标文件的书面通知应按照本章第3.7.4项的要求签字或盖章。招标人收到书面通知后，向投标人出具签收凭证。

4.3.3　修改的内容为投标文件的组成部分。修改的投标文件应按照本章第3条、第4条规定进行编制、密封、标记和递交，并标明“修改”字样。

4.3.4　投标人撤回投标文件的，招标人自收到投标人书面撤回通知之日起5日内退还已收取的投标保证金。

4.4 投标文件的有效性

4.4.1 当网上提交和现场递交的投标文件内容不一致时，以网上提交的投标文件为准。

4.4.2 当现场递交的投标文件电子版与投标文件纸质版正本内容不一致时，以投标文件纸质版正本为准。

4.4.3 当电子采购平台上传的投标文件全部或部分解密失败或发生本章第5.3款紧急情形时，经监督人或公证人确认后，以投标文件纸质版正本为准。

5 开标

5.1 开标时间和地点

招标人在本章第2.2.2项规定的投标截止时间（开标时间）和投标人须知前附表规定的地点公开开标，并邀请所有投标人的法定代表人或其委托代理人参加。

5.2 开标程序（适用于电子开标）

招标人在规定的时间内，通过电子采购平台开评标系统，按下列程序进行开标：

1）宣布开标程序及纪律；

2）公布在投标截止时间前递交投标文件的投标人名称，并点名确认投标人是否派人到场；

3）宣布开标人、记录人、监督或公证等人员姓名；

4）监督或公证人员检查投标文件的递交及密封情况；

5）根据检查情况，对未按招标文件要求递交纸质投标文件的投标人，或已递交了一封可接受的撤回通知函的投标人，将在电子采购平台中进行不开标设置；

6）设有标底的，公布标底；

7）宣布进行电子开标，显示投标总价解密情况，如发生投标总价解密失败，将对解密失败的按投标文件纸质版正本进行补录；

8）显示开标记录表；（如果投标人电子开标总报价明显存在单位错误或数量级差别，在投标人当场提出异议后，按其纸质投标文件正本进行开标，评标时评标委员会根据其网上提交的电子投标文件进行总报价复核）；

9）公证员宣读公证词；

10）宣布评标期间注意事项；

11）投标人代表等有关人员在开标记录上签字确认（有公证时，不适用）；

12）开标结束。

5.3 开标程序（适用于纸质投标文件开标）

主持人按下列程序进行开标：

1）宣布开标纪律；

2）公布在投标截止时间前递交投标文件的投标人名称，并点名确认投标人是否派人到场；

3）宣布开标人、唱标人、记录人、监标人等有关人员姓名；

4）由监督或公证人检查投标文件的递交及密封情况；

5）按照现场递交投标文件的顺序，逆序进行开标；

6）设有标底的，公布标底；

7）按照宣布的开标顺序当众开标，公布投标人名称、项目名称、投标报价及其他内容，并记录在案；

8）公证员宣读公证词；

9）宣布评标期间注意事项；

10）投标人代表等有关人员在开标记录表上签字确认（有公证时，不适用）；

11）开标结束。

5.4　电子招投标的应急措施

5.4.1　开标前出现以下情况，导致投标人不能完成网上提交电子投标文件的紧急情形，招标代理机构在开标截止时间前收到电子钥匙办理单位书面证明材料后，采用纸质投标文件正本进行报价补录。

1）电子钥匙非人为故意损坏；

2）因电子钥匙办理单位原因导致电子钥匙办理来不及补办。

5.4.2　当电子采购平台出现下列紧急情形时，采用纸质投标文件正本进行开标：

1）系统服务器发生故障，无法访问或无法使用系统；

2）系统的软件或数据库出现错误，不能进行正常操作；

3）系统发现有安全漏洞，有潜在的泄密危险；

4）病毒发作或受到外来病毒的攻击；

5）投标文件解密失败；

6）其他无法进行正常电子开标的情形。

5.5　开标异议

如投标人对开标过程有异议的，应在开标会议现场当场提出，招标人现场进行答复，由开标工作人员进行记录。

5.6　开标监督与结果

5.6.1　开标过程中，各投标人应在开标现场见证开标过程和开标内容，开标结束后，将在电子采购平台上公布开标一览表，投标人在开标当日登录电子采购平台查看相关开标结果。

5.6.2 无公证情况时，不参加现场开标仪式或开标结束后拒绝在开标一览表上签字确认的投标人，视为默认开标结果。

5.6.3 未在开标时开封和宣读的投标文件，不论情况如何均不能进入下一步的评审。

6 评标

6.1 评标委员会

6.1.1 评标由招标人依法组建的评标委员会负责。评标委员会由招标人或其委托的招标代理机构熟悉相关业务的代表，以及有关技术、经济等方面的专家组成。

6.1.2 评标委员会成员有下列情形之一的，应当回避：

1）投标人或投标人的主要负责人的近亲属；

2）项目主管部门或者行政监督部门的人员；

3）与投标人有经济利益关系，可能影响对投标公正评审的；

4）曾因在招标、评标以及其他与招标投标有关活动中从事违法行为而受过行政处罚或刑事处罚的；

5）与投标人有其他利害关系。

6.2 评标原则

评标活动遵循公平、公正、科学和择优的原则。

6.3 评标

评标委员会按照第三章“评标办法”规定的方法、评审因素、标准和程序对投标文件进行评审。第三章“评标办法”没有规定的方法、评审因素和标准，不作为评标依据。

7 合同授予

7.1 定标方式

招标人依据评标委员会推荐的中标候选人确定中标人。

7.2 中标候选人公示

招标人在投标人须知前附表规定的媒介公示中标候选人。

7.3 中标通知

在本章第 3.3 款规定的投标有效期内，招标人以书面形式向中标人发出中标通知书，同时将中标结果通知未中标的投标人。

7.4 履约担保

7.4.1 中标人应按投标人须知前附表规定的金额、担保形式和招标文件第四章“合同条款及格式”规定的履约担保格式和时间要求向招标人提交履约担保。联合体中标的，其履约担保由牵头人递交，并应符合投标人须知前附表规定的金额、担保形式和招标文件第四章“合同条款及格式”规定的履约担保格式要求。

7.4.2　中标人不能按本章第 7.4.1 项要求提交履约担保的，视为放弃中标，其投标保证金不予退还，给招标人造成的损失超过投标保证金数额的，中标人还应当对超过部分予以赔偿。

7.5　签订合同

7.5.1　招标人和中标人应当自中标通知书发出之日起 30 天内，根据招标文件和中标人的投标文件订立书面合同。中标人无正当理由拒签合同的，招标人取消其中标资格，其投标保证金不予退还；给招标人造成的损失超过投标保证金数额的，中标人还应当对超过部分予以赔偿。

7.5.2　发出中标通知书后，招标人无正当理由拒签合同的，招标人向中标人退还投标保证金；给中标人造成损失的，还应当赔偿损失。

8　重新招标和不再招标

8.1　重新招标

有下列情形之一的依法必须招标的项目，招标人将重新招标：

1）投标截止时间止，投标人少于 3 名的；

2）经评标委员会评审后否决所有投标的；

3）国家相关法律法规规定的其他重新招标情形。

8.2　不再招标

重新招标后投标人仍少于 3 个或者所有投标被否决的，属于必须审批或核准的工程建设项目，经原审批或核准部门批准后不再进行招标。

9　纪律和监督

9.1　对招标人的纪律要求

招标人不得泄露招标投标活动中应当保密的情况和资料，不得与投标人串通损害国家利益、社会公共利益或者他人合法权益。

9.2　对投标人的纪律要求

投标人不得相互串通投标或者与招标人串通投标，不得向招标人或者评标委员会成员行贿谋取中标，不得以他人名义投标或者以其他方式弄虚作假骗取中标；投标人不得以任何方式干扰、影响评标工作。

9.3　对评标委员会成员的纪律要求

9.3.1　投标人不得相互串通投标或者与招标人串通投标，不得向招标人或者评标委员会成员行贿谋取中标，不得以他人名义投标或者以其他方式弄虚作假骗取中标；投标人不得以任何方式干扰、影响评标工作，或以不正当手段获取招标人评标的有关信息，一经查实，招标人将否决其投标。

9.3.2 如果投标人存在失信行为，招标人除报告国家有关部门由其进行处罚外，招标人还将根据《中国长江三峡集团有限公司供应商信用评价管理办法》中的相关规定对其进行处理。

9.4 对与评标活动有关的工作人员的纪律要求

与评标活动有关的工作人员不得收受他人的财物或者其他好处，不得向他人透漏对投标文件的评审和比较、中标候选人的推荐情况以及评标有关的其他情况。在评标活动中，与评标活动有关的工作人员不得擅离职守，影响评标程序正常进行。

9.5 异议处理

9.5.1 异议必须由投标人或者其他利害关系人以实名提出，在下述异议提出有效期间内以书面形式按照招标文件规定的联系方式提交给招标人。为保证正常的招标秩序，异议人须按本章第9.5.2项要求的内容提交异议。

1）对招标文件及其修改和补充文件有异议的，应在投标截止时间10日前提出；

2）对开标有异议的，应在开标现场提出；

3）对中标结果有异议的，应在中标候选人公示期间提出。

9.5.2 异议书应当以书面形式提交（如为传真或者电邮，需将异议书原件同时以特快专递或者派人送达招标人），异议书应当至少包括下列内容：

1）异议人的名称、地址及有效联系方式；

2）异议事项的基本事实（异议事项必须具体）；

3）相关请求及主张（主张必须明确，诉求清楚）；

4）有效线索和相关证明材料（线索必须有效且能够查证，证明材料必须真实有效，且能够支持异议人的主张或者诉求）。

9.5.3 异议人是投标人的，异议书应由其法定代表人或授权代理人签订并盖章。异议人若是其他利害关系人，属于法人的，异议书必须由其法定代表人或授权代理人签字并盖章；属于其他组织或个人的，异议书必须由其主要负责人或异议人本人签字，并附有效身份证明扫描件。

9.5.4 招标人只对投标人或者其他利害关系人提交了合格异议书的异议事项进行处理，并于收到异议书3日内做出答复。异议书不是投标人或者其他利害关系人的提出的，异议书内容或者形式不符合第9.5.2项要求的，招标人可不受理。

9.5.5 招标人对异议事项做出处理后，异议人若无新的证据或者线索，不得就所提异议事项再提出异议。除开标外，异议人自收到异议答复之日起3日内应进行确认并反馈意见。若超过此时限，则视同异议人同意答复意见，招标及采购活动可继续进行。

9.5.6　经招标人查实，若异议人以提出异议为名进行虚假、恶意异议的，阻碍或者干扰了招标投标活动的正常进行，招标人将对异议人作出如下处理：

1）如果异议人为投标人，将异议人的行为作为不良信誉记录在案。如果情节严重，给招标人带来重大损失的，招标人有权追究其法律责任，并要求其赔偿相应的损失，自异议处理结束之日起 3 年内禁止其参加招标人组织的招标活动；

2）对其他利害关系人招标人将保留追究其法律责任的权利，并记录在案。

9.6　投诉

投标人和其他利害关系人认为本次招标活动违反法律、法规和规章规定的，有权向有关行政监督部门投诉。

10　需要补充的其他内容

需要补充的其他内容：见投标人须知前附表。

附件一：开标记录表

________________________（项目名称）

开标一览表

招标编号：　　　　　　　　　　　　标段名称：
开标时间：　　　　　　　　　　　　开标地点：

序号	投标人名称	投标报价（元）	备　注
1			
2			
3			
4			
5			
6			
7			
8			
9			
……			

备注：
记录人：　　　　　　　　　　监督人：　　　　　　　　　　公证人：

附件二：问题澄清通知

致：　　　　　　　　　　　　　　自：三峡国际招标有限责任公司
收件人：　　　　　　　　　　　　发件人：
传　真：　　　　　　　　　　　　传　真：
电　话：　　　　　　　　　　　　电　话：

主题：__________________________项目问题澄清通知

编号：______

______________________（投标人名称）：

现将本项目评标委员会在审查贵单位投标文件后所提出的澄清问题以传真（邮件）的形式发给贵方，请贵方在收到该问题清单后逐一作出相应的书面答复，澄清答复文件的签署要求与投标文件相同，并请于____年____月____日____时前将澄清答复文件传真至三峡国际招标有限责任公司。

此外该澄清答复文件电子版还应以电子邮件的形式传给我方，邮箱地址：________________。未按时送交澄清答复文件的投标人将不能进入下一步评审。

附：澄清问题清单

1.

2.

……

____________评标委员会

________年____月____日

附件三：问题的澄清

________________（项目名称）问题的澄清

编号：________

________________（项目名称）招标评标委员会：

问题澄清通知（编号：______________）已收悉，现澄清如下：

1.

2.

……

投标人：______________________（盖单位章）

法定代表人或其委托代理人：________________（签字）

________年____月____日

附件四：中标候选人公示和中标结果公示

（项目及标段名称）中标候选人公示
（招标编号：）

<table>
<tr><td colspan="2">招标人</td><td></td><td>招标代理机构</td><td>三峡国际招标有限责任公司</td></tr>
<tr><td colspan="2">公示开始时间</td><td></td><td>公示结束时间</td><td></td></tr>
<tr><td colspan="2">内容</td><td>第一中标候选人</td><td>第二中标候选人</td><td>第三中标候选人</td></tr>
<tr><td colspan="2">1. 中标候选人名称</td><td></td><td></td><td></td></tr>
<tr><td colspan="2">2. 投标报价</td><td></td><td></td><td></td></tr>
<tr><td colspan="2">3. 质量</td><td></td><td></td><td></td></tr>
<tr><td colspan="2">4. 工期（交货期）</td><td></td><td></td><td></td></tr>
<tr><td colspan="2">5. 评标情况</td><td></td><td></td><td></td></tr>
<tr><td colspan="2">6. 资格能力条件</td><td></td><td></td><td></td></tr>
<tr><td rowspan="3">7. 项目负责人情况</td><td>姓名</td><td></td><td></td><td></td></tr>
<tr><td>证书名称</td><td></td><td></td><td></td></tr>
<tr><td>证书编号</td><td></td><td></td><td></td></tr>
<tr><td colspan="2" rowspan="3">8. 提出异议的渠道和方式（投标人或其他利害关系人如对中标候选人有异议，请在中标候选人公示期间以书面形式实名提出，并应由异议人的法定代表人或其授权代理人签字并盖章。对于无异议人名称和地址及有效联系方式、无具体异议事项、主张不明确、诉求不清楚、无有效线索和相关证明材料的异议将不予受理）。</td><td>电话</td><td></td><td></td></tr>
<tr><td>传真</td><td></td><td></td></tr>
<tr><td>Email</td><td></td><td></td></tr>
</table>

（项目及标段名称）中标结果公示

（招标人名称）根据本项目评标委员会的评定和推荐，并经过中标候选人公示，确定本项目中标人如下：

招标编号	项目名称	标段名称	中标人名称

招标人：

招标代理机构：三峡国际招标有限责任公司

日期：

附件五：中标通知书

致：　　　　　　　　　　　　　　　自：三峡国际招标有限责任公司
收件人：　　　　　　　　　　　　　发件人：
传　真：　　　　　　　　　　　　　传　真：
电　话：　　　　　　　　　　　　　电　话：

主题：中标通知书

＿＿＿＿＿＿＿＿＿＿＿（中标人名称）：

在＿＿＿＿＿＿＿＿＿＿（招标编号：＿＿＿＿＿＿＿）招标中，根据《中华人民共和国招标投标法》等相关法律法规和此次招标文件的规定，经评定，贵公司中标第＿＿标段。请在接到本通知后的＿＿日内与＿＿＿＿＿＿联系合同签订事宜。

请在收到本传真后立即向我公司回函确认。谢谢！

合同谈判联系人：
联系电话：

三峡国际招标有限责任公司
＿＿＿＿年＿＿月＿＿日

附件六：确认通知

确认通知

＿＿＿＿＿＿＿＿＿＿＿（招标人名称）：

我方已接到你方＿＿年＿＿月＿＿日发出的＿＿＿＿＿＿＿＿＿＿（项目名称）招标关于＿＿＿＿＿＿＿＿＿＿的通知，我方已于＿＿年＿＿月＿＿日收到。

特此确认。

投标人：＿＿＿＿＿＿＿＿＿＿（盖单位章）
＿＿＿＿年＿＿月＿＿日

第三章　评标办法（综合评估法）

评标办法前附表

条款号		评审因素	评审标准
2.1.1	形式评审标准	投标人名称	与营业执照、相关证书一致
		投标函签字盖章	有法定代表人或其委托代理人签字或加盖单位章
		投标文件格式	符合第八章“投标文件格式”的要求
		联合体投标人（如有）	提交联合体协议书，并明确联合体牵头人
		报价唯一	只能有一个有效报价
2.1.2	资格评审标准	营业执照	具备有效的营业执照
		资质条件	符合第二章“投标人须知”第1.4.1项规定
		业绩要求	符合第二章“投标人须知”第1.4.1项规定
		人员要求	符合第二章“投标人须知”第1.4.1项规定
		信誉要求	符合第二章“投标人须知”第1.4.1项规定
		财务要求	符合第二章“投标人须知”第1.4.1项规定
		其他要求	符合第二章“投标人须知”第1.4.1项规定
2.1.3	响应性评审标准	投标报价	符合第二章“投标人须知”第3.2.3项规定
		投标内容	符合第二章“投标人须知”第1.3.1项规定
		服务期限	符合第二章“投标人须知”第1.3.2项规定
		投标有效期	符合第二章“投标人须知”第3.3.1项规定
		投标保证金	符合第二章“投标人须知”第3.4.1项规定
		权利义务	符合第四章“合同条款及格式”规定
		投标报价表	符合第五章“报价清单”中给出的范围及数量
		服务标准和要求	符合第七章“技术规范和技术条款”的规定，偏差在合理范围内
条款号		条款内容	编列内容
2.2.1		评分权重构成（100%）	商务部分：30% 技术部分：60% 投标报价：10%
2.2.2		评标价基准值计算方法	以所有进入详细评审/通过初步评审的投标人评标价算术平均值×____（0.92～0.97）作为本次评审的评标价基准值B。并应满足计算规则：

续表

条款号		条款内容	编列内容	
2.2.2		评标价基准值计算方法	（1）当进入详细评审的投标人超过5家时去掉一个最高价和一个最低价； （2）当同一企业集团多家所属企业（单位）参与本项目投标时，取其中最低评标价参与评标价基准值计算，无论该价格是否在步骤（1）中被筛选掉； 评标价为经修正后的投标报价。 说明：评标价基准值计算系数（0.92～0.97），招标人可根据项目规模、难度以及市场竞争性选择计算系数，对于项目规模大、技术难度大、市场竞争不充分的项目，可在规定范围内适当上浮计算系数；对于项目规模小、技术相对简单、市场竞争较强的项目，可在规定范围内适当下浮计算系数。	
2.2.3		偏差率计算公式	偏差率（Di）＝100%×（投标人评标价－评标价基准值）/评标价基准值	
条款号		评分因素	评分标准	权重
2.2.4 1)	商务部分评分标准（30%）	投标文件的符合性	检查投标文件在内容与项目上的完整性，针对投标人提出的非实质性商务偏差，评价其是否合理，是否会损害招标人的利益和未来的合同执行。（评分结果分为A～D四个档次）	3%
		投标人业绩	审查投标人的以往业绩情况，以及用户的证明材料（评分结果分为A～D四个档次）	10%
		信用评价	根据三峡集团公司最新发布的年度供应商信用评价结果进行统一评分，A、B、C三个等级信用得分分别为100、85、70分。如投标人初次进入三峡集团公司投标或报价，由评标委员会根据其以往业绩及在其他单位的合同履约情况合理确定本次评审信用等级	5%
		财务状况	评价投标人财务状况。包括近3年财务状况。（评分结果分为A～D四个档次）	2%
		报价的合理性	对主要报价进行合理性评审。 经费预算与研究内容是否匹配，总体需求是否合理（评分结果分为A～D四个档次）	10%
2.2.4 2)	技术部分评审标准（60%）	研究内容	1. 研究内容对研究目标的支撑作用是否显著 2. 对国内外现状及趋势分析是否准确、全面 3. 研究内容的创新性、前瞻性及其时效性	10%
		技术路线及考核指标	1. 主要技术路线、研究方法是否合理可行，具有创新性 2. 考核指标是否合理、量化、可考核	20%
		任务分解和进度安排	1. 任务设置的合理性与系统性 2. 分解目标对项目总目标的支撑程度 3. 研发进度计划安排的合理性	7%
		研发团队及工作基础	1. 研发团队整体科研水平及人员构成、任务分工合理性 2. 项目负责人的科研水平及创新能力 3. 项目申报单位的组织管理能力和项目组织实施机制 4. 现有研究工作基础及条件	15%

续表

条款号		条款内容	编列内容	
2.2.4　2）	技术部分评审标准（60%）	预期成果与风险分析	1. 项目预期成果是否明确，社会、经济效益如何 2. 项目的技术和实施风险分析是否清晰，对策是否有效	8%
2.2.4　3）	投标报价评审标准（10%）	价格得分	当 $0<Di\leqslant 3\%$时，每高 1%扣 1 分； 当 $3\%<Di\leqslant 6\%$时，每高 1%扣 1.5 分； 当 $6\%<Di$，每高 1%扣 2 分； 当 $-3\%<Di\leqslant 0$ 时，不扣分； 当 $-6\%<Di\leqslant -3\%$时，每低 1%扣 0.5 分； 当 $-9\%<Di\leqslant -6\%$时，每低 1%扣 1 分； 当 $Di\leqslant -9\%$时，每低 1%扣 1.5 分； 满分为 100 分，最低得 60 分。 上述计分按分段累进计算，当入围投标人评标价与评标价基准值 B 比例值处于分段计算区间内时，分段计算按内插法等比例计扣分。	10%
3.1.1	初步评审短名单的确定		不适用	
3.2.1	详细评审名单的确定		不适用	
3.2.2	投标报价的处理规则		不适用	

1　评标方法

本次评标采用综合评估法。评标委员会对满足招标文件实质性要求的投标文件，按照本章第 2.2 款规定的评分标准进行打分，并按综合得分由高到低顺序推荐____名中标候选人，或根据招标人授权直接确定中标人，但投标报价低于其成本的除外。综合评分相等时，以投标报价低的优先；投标报价也相等时，技术得分高的优先；当技术得分也相等时，由招标人或其授权的评标委员会自行确定。

2　评审标准

2.1　初步评审标准

2.1.1　形式评审标准：见评标办法前附表。

2.1.2　资格评审标准：见评标办法前附表。

2.1.3　响应性评审标准：见评标办法前附表。

2.2　评分权重构成与评分标准

2.2.1　分值构成

1）商务部分：见评标办法前附表；

2）技术部分：见评标办法前附表；

3）报价部分：见评标办法前附表。

2.2.2　评标价基准值计算

评标价基准值计算方法：见评标办法前附表。

2.2.3　偏差率的计算

偏差率计算公式：见评标办法前附表。

2.2.4　评分标准

1）商务部分评分标准：见评标办法前附表；

2）技术部分评分标准：见评标办法前附表；

3）报价部分评分标准：见评标办法前附表。

3　评标程序

3.1　初步评审

3.1.1　初步评审短名单的确定：见评标办法前附表。

3.1.2　评标委员会依据本章第 2.1 款规定的标准对投标文件进行初步评审。有一项不符合评审标准的，评标委员会应当否决其投标。

3.1.3　投标人有以下情形之一的，评标委员会应当否决其投标：

1）第二章”投标人须知”第 1.4.3 项规定的任何一种情形的；

2）串通投标或弄虚作假或有其他违法行为的；

3）不按评标委员会要求澄清、说明或补正的。

3.1.4　投标报价有算术错误的，评标委员会按以下原则对投标报价进行修正，修正的价格经投标人书面确认后具有约束力。投标人不接受修正价格的，评标委员会应当否决其投标。

1）投标文件中的大写金额与小写金额不一致的，以大写金额为准；

2）总价金额与依据单价计算出的结果不一致的，以单价金额为准修正总价，但单价金额小数点有明显错误的除外。

3.1.5　评标委员会将参考招标人现阶段掌握的投标人不良行为记录进行评审。

3.1.6　经初步评审后合格投标人不足 3 家的，评标委员会应对其是否具有竞争性进行评审，因有效投标不足 3 家使得投标明显缺乏竞争的，评标委员会可以否决全部投标。

3.2　详细评审

3.2.1　详细评审短名单确定：见评标办法前附表。

3.2.2　投标报价的处理规则：见评标办法前附表。

3.2.3 评分按照如下规则进行。

1）评分由评标委员会以记名方式进行，参加评分的评标委员会成员应单独打分。凡未记名、涂改后无相应签名的评分票均作为废票处理。

2）评分因素按照A～D四个档次评分，A档对应的分数为100～90（含90），B档90～80（含80），C档80～70（含70），D档70～60（含60）。评标委员会讨论各进入详细评审投标人在各个评审因素上的档次，评标委员会成员宜在讨论后决定的评分档次范围内打分，如评标委员会成员对评分结果有不同看法，也可超档次范围打分，但应在意见表中陈述理由。

3）评标委员会成员打分汇总方法，参与打分的评标委员会成员超过5名（含5名）时，汇总时去掉单项评价因素的一个最高分和一个最低分，以剩余样本的算术平均值作为投标人的得分。

4）评分分值的中间计算过程保留小数点后三位，小数点后第四位“四舍五入”；评分分值计算结果保留小数点后两位，小数点后第三位“四舍五入”。

3.2.4 评标委员会按本章第2.2款规定的量化因素和分值进行打分，并计算出综合评估得分。

1）按本章第2.2.4 1）目规定的评审因素和分值对商务部分计算出得分A；

2）按本章第2.2.4 2）目规定的评审因素和分值对技术部分计算出得分B；

3）按本章第2.2.4 3）目规定的评审因素和分值对投标报价计算出得分C；

4）投标人综合得分＝A＋B＋C。

3.2.5 评标委员会发现投标人的报价明显低于其他投标人的报价，或者在设有标底时明显低于标底，使得其投标报价可能低于其成本的，应当要求该投标人作出书面说明并提供相应的证明材料。投标人不能合理说明或者不能提供相应证明材料的，由评标委员会认定该投标人以低于成本报价竞标，否决其投标。

3.3 投标文件的澄清和补正

3.3.1 在评标过程中，评标委员会可以书面形式要求投标人对所提交投标文件中不明确的内容进行书面澄清或说明，或者对细微偏差进行补正。评标委员会不接受投标人主动提出的澄清、说明或补正。

3.3.2 澄清、说明和补正不得改变投标文件的实质性内容。投标人的书面澄清、说明和补正属于投标文件的组成部分。

3.3.3 评标委员会对投标人提交的澄清、说明或补正有疑问的，可以要求投标人进一步澄清、说明或补正。

3.4　评标结果

3.4.1　除第二章“投标人须知”前附表授权直接确定中标人外，评标委员会按照综合得分由高到低的顺序推荐____名中标候选人。

3.4.2　评标委员会完成评标后，应当向招标人提交书面评标报告。

3.4.3　中标候选人在信用中国网站（http：//www.creditchina.gov.cn/）被查询存在与本次招标项目相关的严重失信行为，评标委员会认为可能影响其履约能力的，有权取消其中标候选人资格。

第四章　合同条款及格式

____________科研项目合同协议书

（合同编号：______）

委托人（甲方）：中国长江三峡集团有限公司

受托人（乙方）：

为做好________工作，中国长江三峡集团有限公司（以下简称甲方）________委托__（单位名称）______（以下简称乙方）开展“_______”科研工作。

根据《中华人民共和国合同法》及有关的法律规定，结合项目具体情况，双方本着自愿平等、互利和诚实信用的原则，经充分协商一致，订立本科研项目合同，并由双方共同遵守。

一、本协议中所用术语的含义与下文提到的合同条款中相应术语的含义相同。

二、下列文件应作为本合同协议书的组成部分

1. 合同协议书及有关补充资料（如果有）；

2. 合同谈判备忘录（包括澄清材料）；

3. 中标通知书；

4. 经评审确认的具有标价的《投标报价表》；

5. 合同条款；

6. 技术条款；

7. 投标文件（包括投标辅助资料）；

8. 图纸（包括设计说明及技术文件）；

9. 其他任何组成合同的文件（包括招标文件第 1 章）。

三、项目名称、内容及解决主要问题

项目名称：

项目内容：（根据具体科研内容填报，一般不超过 300 字）

解决问题：

四、甲方的权利和义务

1. 审定科研项目立项方案，负责协调相关科研项目实施的边界条件，并根据需要告知乙方。

2. 负责向乙方提供开展科研工作必需的、应由甲方负责的相关资料，但仅限于乙方在本项目使用，并保密。

3. 在本合同的执行过程中，协调乙方与本合同相关方的关系。

4. 根据实际情况，对年度科研工作计划做出调整，并告知乙方。

5. 对科研项目开展监督检查工作。

6. 甲方应在乙方提出项目中间成果和验收申请后，组织进行项目中间成果检查和验收。

7. 按时向乙方支付合同费用。

五、乙方的权利和义务

1. 根据本项目研究的内容、解决的主要问题和技术要求，在项目实施前提交项目科研大纲，报甲方审核。

2. 用于科研项目的仪器设备在使用前，需进行检验，合格后方可投入使用。科研项目实施过程中须做好原始记录，原始记录上须有操作人、分析人和校核人的签字。

3. 负责开展合同规定工作所需资料的收集，配合甲方做好相关工作。

4. 做好科研项目质量控制工作，若甲方对数据存在疑义，乙方应按甲方要求开展复核。

5. 按照本合同第六条规定向甲方提交相关成果，并按照甲方档案管理规定将全部合同项目文件资料向甲方归档移交。合同执行过程中，乙方应每半年（不足半年按半年计）向甲方提交中间成果和报告，汇报项目研究进展情况，并提出下一步计划。

6. 接受甲方对科研成果的审查和对工作过程的监督。甲方向乙方提出工作中存在的问题，乙方应予以纠正。

7. 乙方在甲方现场进行相关工作时，应遵守甲方关于安全、管理、环保、保密等方面的相关制度。

8. 为本项目从事现场工作的人员办理意外伤害等相关保险，费用已包含在合同总金额中。乙方必须负责承担为本项目所雇人员伤亡处理和善后保障的一切费用，包括人员伤亡、财产损失的赔偿费、诉讼费等有关费用。

9. 乙方应为本项目配备符合本项目合同要求的人员。乙方保证团队人员的稳定性，如需更换团队主要成员须提前 7 日书面通知甲方，获得甲方书面同意后方可更换，更换人应具备同等的专业技术水平及相应资质。若甲方认为乙方人员不符合要求的，可以书面要求乙方对其进行更换；乙方应在收到甲方书面要求后应于 7 日内对其进行更换。

10. 提供为履行合同所必需的设备设施及专业工具，并承担相关费用。

11. 在合同签订前向甲方提交履约担保，履约担保形式为银行保函或履约担保金，担保金额为签约合同价的5%。乙方应保证其履约担保在甲方签发项目验收合格证明前一直有效。甲方应在项目验收合格证明签发后28天内把履约担保退还给乙方。

六、提交成果及时间

1. 合同执行期间，按甲方要求及时提交阶段成果。

2. 按照甲方要求的标准格式，编制相关报表，并协助甲方录入信息系统。

3. 在科研成果验收前15天向甲方提交科研专题报告（送审稿）；验收后7天内，提交按验收意见修改完善的专题报告最终成果。

4. 成果报告应结合研究的内容、解决的主要问题和技术要求进行分析，并对成果应用效果进行评价。

5. 向甲方提交科研成果（纸质版并加盖单位章）一式10份，并同时提交报告的电子版（Office系列、AutoCAD等）2份（U盘及光盘各1份）。提供的成果材料包括（但不限于）：工作总结报告、财务决算报告、研究成果报告（含500字内容摘要）、完整的技术资料（包括图、表、计算机软件及音像资料等）、其他科研成果及上述材料电子文档。

6. 在提交科研过程资料时，应同时提交原始资料2份（若有），并同时提交电子版（Office系列、AutoCAD等）。

7. 甲方将在合同工作内容完成后组织项目验收，乙方按本条款要求提交的成果资料应符合甲方验收要求。

七、履行期限和进度

1. 合同生效后，乙方即按合同内容开展工作。本合同履行期限为____年。

2. 工作进度

(1)

(2)

(3)

…

乙方按上款规定时间开展工作并及时向甲方提交有关阶段成果。

八、合同金额与支付

1. 本合同总价款为：人民币（大写）________元（¥________）。其中，税前总价：人民币（大写）________元（¥________），销项增值税额：人民币（大写）________元（¥________），增值税税率：______。费用组成详见第五章 投标报价表。

2. 税费：乙方应按有关法律、法规的规定缴纳相关税费，乙方应缴纳的税费均包括在合同价格中。

3．支付方式：

合同生效后，甲方按如下进度向乙方支付合同费用：

研究期限在一年以内的合同：

（1）合同生效后，乙方提交科研大纲并经甲方审核批准后，甲方按签约合同总价的30％向乙方支付合同价款，共计人民币（大写）________（￥____）。

（2）合同经过验收且按合同要求向甲方提交相关档案验收资料后，甲方向乙方支付合同剩余价款，共计人民币（大写）________（￥____）。

（3）每期支付前，乙方应向甲方提交支付申请书，并根据甲方相关要求办理支付手续，支付时，乙方应向甲方提交满足甲方财务部门要求的相关增值税专用发票或其他票据。甲方在完成相关手续后30个工作日内向乙方支付当期合同价款。

研究期限在一年以上的合同：

（1）合同生效后，乙方提交科研大纲并经甲方审核批准后，甲方按签约合同总价的10％向乙方支付合同价款，共计人民币（大写）________（￥____）。

（2）（此处添加进度付款，一般按半年进行支付，可合并办理。）

（3）合同经过验收且按合同要求向甲方提交相关档案验收资料后，甲方向乙方支付合同剩余价款，共计人民币（大写）________（￥____）。

（4）每期支付前，乙方应向甲方提交支付申请书，并根据甲方相关要求办理支付手续，支付时，乙方应向甲方提交满足甲方财务部门要求的相关增值税专用发票或其他票据。甲方在完成相关手续后30个工作日内向乙方支付当期合同价款。

4．纳税人信息：

单位名称：________________；

纳税人识别号：________________；

地址：________________；

电话：________________；

开户行名称：________________；

账户：________________。

5．应按照结算款项金额向甲方提供符合税务规定的增值税专用发票，甲方在收到乙方提供的合格增值税专用发票后支付款项。

乙方应确保增值税专用发票真实、规范、合法，如乙方虚开或提供不合格的增值税专用发票，造成甲方经济损失的，乙方承担全部赔偿责任，并重新向甲方开具符合规定的增值税专用发票。

合同变更如涉及增值税专用发票记载项目发生变化的，应当约定作废、重开、补开、红字开具增值税专用发票。如果收票方取得增值税专用发票尚未认证抵扣，收票方应在开票之日起180天内退回原发票，则可以由开票方作废原发票，重新开具增值税专用发票；如果原增值税专用发票已经认证抵扣，则由开票方就合同增加的金额补开增值税专用发票，就减少的金额依据收票方提供的红字发票信息表开具红字增值税专用发票。

九、知识产权保护

1. 乙方为本项目所收集的全部资料仅用于本次工作，其所有权归甲方所有。乙方履行完合同或提前终止合同时，应归还所收集的全部资料，未经甲方同意不得将资料提供给第三方使用。

2. 未经甲方许可，乙方不得单独申请专利或向第三方转让专利申请权。乙方取得专利权的，未经甲方许可，不得转让专利权或许可第三方实施该专利。

3. 甲乙双方均享有本合同产生的技术秘密的使用权，但乙方仅能在甲方许可的范围内使用该秘密。因使用该技术秘密所产生的效益，由甲乙双方共同协商确定分配方案。

4. 本合同产生的技术秘密的转让权属于甲方，乙方不得向第三方转让该技术秘密或其使用权，亦不得许可第三方实施使用，乙方擅自转让所产生的利益归甲方所有。

5. 履行本合同产生的技术成果（包括技术秘密）申请奖励的权利归甲方享有。未经甲方许可，乙方不得单方申请奖励。

6. 本合同所产生研究成果的发表权由甲乙双方共同享有。未经甲方许可，乙方不得单方发表。根据项目研究成果发表的论文须注明“中国长江三峡集团有限公司科研项目资助（合同编号：　　　　）”字样；项目研究团队人员个人发表有关项目研究内容的论文须征得甲乙双方的同意，乙方应制定相应规章制度约束项目研究团队人员的个人行为。

7. 使用履行本合同产生的技术成果参与国际标准、国家标准或行业标准等的制定或修订工作的权利属于甲方所有，未经甲方许可，乙方不得单独参与此类工作。

8. 乙方在研究过程中出现剽窃、抄袭等侵犯他人知识产权的行为，由行为人承担相应责任。由此给甲方造成损失的，也应承担责任。

十、违约责任

1. 甲方未按计划拨付项目经费，承担由此造成的项目延期、费用增加的责任。

2. 若甲方原因中途终止合同，应根据实际完成工作量所占总工作量的比例支付费用，并赔偿违约金，违约金额不超过合同签订金额的10%。

3. 在合同执行过程中，未经甲方同意，乙方不得擅自对研究内容、目标、进度、项目负责人、项目骨干成员等进行调整，否则，造成合同不能按期完成、合同目标有重大修改而影响成果质量，甲方将视情况追究乙方的违约责任。

4. 乙方未按合同要求履行或未能完成年度工作目标的，甲方将适当减少或暂停支付合同费用。

5. 乙方未足额提供应由其提供的项目经费，甲方有权停止拨付剩余的项目经费或按照出资比例收回已拨付的项目经费，乙方应承担因此造成的甲方损失。

6. 乙方违反本合同约定义务的，应当退还甲方已支付的项目经费并赔偿因违约给甲方造成的一切损失。除此之外：

（1）乙方违反第九条2款约定未经甲方同意单独申请专利的，在被授予专利权之前应撤回专利申请，在被授予专利权后应以书面声明放弃该专利权。未经甲方同意转让专利权或许可第三方实施该专利的，所获收益归甲方所有。

（2）违反第九条5款约定未经甲方同意乙方单方申请奖励的，被授予奖励之前应撤回奖励申请，在被授予奖励后应向颁奖机构申请撤销奖励并以书面声明放弃该奖励。

（3）乙方违反第九条7款约定未经甲方许可单独参与有关国际标准、国家标准或行业标准等的制定或修订工作的，该工作仍在进行的，应立即退出，该工作已经结束的，应向有权机关申请撤销署名等相关权利并以书面声明形式放弃与该工作有关的一切权益。

7. 若乙方提供的数据存在真实性、有效性、完整性问题，乙方有义务作出解释、开展现场复测至甲方认为数据符合要求。

8. 若乙方原因中途终止合同，应赔偿违约金，违约金额不超过合同签订金额的10％。甲方有权从合同价款和履约担保中抵扣。由此造成甲方重大经济损失，甲方将保留追索的权利。

9. 任何一方违反合同约定的保密义务，应承担相应的法律责任并赔偿对方因此遭受的损失。

10. 因乙方造成的返工或误工，除乙方需无偿继续履行合同外，甲方有权推迟合同价款的支付时间。逾期违约超过60日的，甲方有权解除合同。

十一、合同变更

1. 本合同在执行过程中若与本合同约定有变化的，双方可协商研究相关事宜，引起合同变更的，可进行变更（包括但不限于：工期和费用）。

2. 变更估价原则

除另有约定外，因变更引起的价格调整按照本款约定处理：

（1）报价清单中有适用于变更项目的，采用该项目的单价；

（2）报价清单中无适用于变更项目的，可在合理范围内参照类似项目单价；

（3）报价清单中无类似项目的单价或合价可供参考，则应由甲方和乙方协商，根据投标报价的基础价格及取费标准确定新的单价或合价。

十二、其他

1. 本合同一式十份（其中正本二份，双方各执一份；副本八份，甲方六份，乙方二份）。正本与副本具有同等法律效力，副本与正本有矛盾时，以正本为准。

2. 本合同经双方法定代表人或其委托代理人签署并加盖单位章，且甲方收到乙方提交的符合合同要求的履约担保后生效。

3. 本合同未尽事宜，各方将协商解决。合同双方在履行合同中发生争议的，友好协商解决。协商不成的，诉讼解决。

甲方（盖单位章）：	乙方（盖单位章）：
法定代表人或其委托代理人：	法定代表人或其委托代理人：
纳税人识别号：	纳税人识别号：
地址：	地址：
开户银行：	开户银行：
账号：	账号：
电话：	电话：
传真：	传真：

附件：1. 履约保函

2. 保密协议

3. 廉洁协议

4. 安全生产合同

附件一

履约保函（格式）

中国长江三峡集团有限公司：

鉴于＿＿＿＿＿＿＿（以下称承包人）已保证按合同（合同编号：　　　　　）实施＿＿＿＿科研合同（以下简称合同）。

鉴于你方在上述合同中要求承包人向你方提交下述金额的经认可银行开具的保函，作为承包人履行本合同责任的保证金：

1. 本行同意为承包人出具本保函。

2. 本行在此代表承包人向你方承担支付人民币￥＿＿＿（大写）＿＿＿元的责任，在你方第一次书面提出要求得到上述金额内的任何付款时，本行即予支付，不挑剔，不争辩，也不要求你方出具证明或说明背景、理由。

3. 本行放弃你方应先向承包人要求赔偿上述金额，然后再向本行提出要求的权力。

4. 本行进一步同意在你方和承包人之间的合同条件、合同项下的工程或合同文件发生变化、补充或修改后，本行承担本保函的责任也不改变，有关上述变化、补充和修改也无须通知本行。

5. 本保函从本保函签订之日起直至缺陷责任证书发出后28天内一直有效。

银行名称：＿＿＿＿＿＿＿＿＿＿

地　　址：＿＿＿＿＿＿＿＿＿＿

许可证号：＿＿＿＿＿＿＿＿＿＿

法定代表人（或其委托代理人）：＿＿＿＿＿（签字）

邮　　编：＿＿＿＿＿＿＿＿＿＿

电　　话：＿＿＿＿＿＿＿＿＿＿

传　　真：＿＿＿＿＿＿＿＿＿＿

日　　期：＿＿＿＿年＿＿月＿＿日

附件二

保密协议

委托人：

受托人：

因受托人为委托人提供服务，已经（或将要）知悉委托人的商业秘密。为了明确受托人的保密义务，有效保护委托人的商业秘密，防止该商业秘密被公开披露或以任何形式泄露，根据《中华人民共和国合同法》、《中华人民共和国反不正当竞争法》等法律法规，双方本着平等、自愿、公平和诚实信用的原则签订本保密协议，构成主合同的组成部分。

第一条　商业秘密

1. 本协议所称商业秘密包括但不限于技术信息、专有技术、经营信息和其他被委托人列为商业秘密的信息。受托人应对委托人的商业秘密承担保密义务。本协议之签订可认为委托人已对公司的商业秘密采取了合理的保密措施。

2. 技术信息指委托人拥有或获得的有关生产和产品销售的技术方案、制造方法、工艺流程、计算机软件、数据库、实验结果、技术数据、图纸、样品、样机、模型、模具、说明书、操作手册、技术文档和涉及商业秘密的业务函电等一切有关的信息。

3. 专有技术指委托人拥有的有关生产和产品销售的技术知识、信息、技术资料、制作工艺、制作方法、经验、方法或其组合以及未在任何地方公开过其完整形式的、未作为工业产权来保护的其他技术。

4. 经营信息指有关生产经营管理的战略规划、经营方针、投资意向、商业计划、投融资数据、市场分析、与三峡工程有关的防洪、反恐、水情预报、水文等信息、电量电价、不公开的财务资料和数据、合同、交易相对人资料、客户资料等信息。

5. 委托人依照法律规定（如在缔约过程中知悉其他相对人的商业秘密）和在有关协议的约定（如技术合同）中对外承担保密义务的事项，也属本保密协议所称商业秘密的范畴。

第二条　保密义务人

保密义务人是指为委托人提供相关服务，或因身份、职务、职业或专业技术关系而知悉委托人商业秘密的受托人机构或人员。

第三条　保密义务人的保密义务

1. 保密义务人应采取完善措施对委托人商业秘密加以保护，并严格保守，保证不被披露或使用，包括意外或过失，即使这些信息可能是全部由保密义务人本人因工作而构思或取得的。受托人应确保知悉委托人商业秘密的受托人有关人员（包括该人员在退出项目或离职之后）遵守本协议约定的保密义务。

2. 在服务关系存续期间，保密义务人未经授权，不得擅自披露、使用商业秘密、制造再现商业秘密的器材、取走与商业秘密有关的物件；不得刺探与合同约定的受托人工作无关的商业秘密；不得直接或间接地向受托人内部、外部的无关人员泄露；不得向不承担保密义务的任何第三人披露委托人的商业秘密；不得允许（出借、赠予、出租、转让等处分委托人商业秘密的行为皆属于“允许”）或协助不承担保密义务的任何第三人使用委托人的商业秘密；不得复制或公开包含受托人商业秘密的文件或文件副本；对因工作所保管、接触的有关委托人商业秘密的文件应妥善对待，未经许可不得超出工作范围使用。

3. 如果发现委托人商业秘密被泄露或者自己过失泄露商业秘密，应当采取有效措施防止泄密进一步扩大，并及时向委托人报告。

4. 服务关系结束后，保密义务人应将与工作有关的技术资料、试验设备、试验材料、客户名单等以及所有受托人保留或控制的该文件及资料的复印件、摘要交还公司；同时，受托人应销毁与已交回保密信息有关的任何文件和资料，不得保留复印件或以任何方式留存信息。

5. 受托人如违反本条规定的，应承担本协议第五条规定的违约责任。

第四条　保密义务的终止

保密义务人应承担保密义务直至该商业秘密已通过合法途径进入公共领域，成为公开信息；受托人是否完成合同义务、双方签订的合同是否履行完毕，均不影响其保密义务的承担。

第五条　违约责任

1. 受托人违反本协议约定的保密义务的，应向委托人支付主合同总价 10%违约金，并赔偿委托人损失。委托人损失包括实际损失，以及为处理该事件所支出的费用（包括但不限于律师费、公证费、取证费及委托人因索赔产生的一切费用）。

2. 主合同期内，若受托人违反本协议，委托人有权单方解除与受托人签署的主合同。

3. 因受托人恶意泄露商业秘密给公司造成严重后果的，公司将通过法律手段追究其侵权责任，直至追究其刑事责任。

4. 受托人对受托人任何工作人员、代理人和雇员违反本协议的作为或不作为负责。上述人员违反本协议约定，委托人有权直接要求受托人承担违约责任。

第六条　争议解决方法

因执行本协议而发生纠纷的，按主合同约定的争议解决方法执行。

第七条　双方确认

1. 在签署本协议前，双方已经详细审阅了协议的内容，并完全了解协议各条款的法律含义。

2. 保密义务人只能为实现主合同目的使用委托人商业秘密，不作任何他用。

3. 主合同价款已包含保密义务人的保密费，此处不再重复支付。

第八条　协议的效力和变更

1. 本协议自双方签字盖章后生效，除非委托人书面通知受托人解除保密义务，受托人的保密义务永久持续有效，不因主合同效力终止而终止；此前签署的其他有关保密协议不因本协议生效而发生任何效力变化。

2. 本协议的任何修改必须经过双方的书面同意，并签署相关补充协议，与本协议具有同等法律效力。

委托人：

法定代表人或其授权代理人：

签署日期：

受托人：

法定代表人或其授权代理人：

签署日期：

附件三

廉洁协议（格式）

甲方（发包人）：____________________

乙方（承包人）：____________________

为了防范和控制______________________合同（合同编号：__________________）商订及履行过程中的廉洁风险，维护正常的市场秩序和双方的合法权益，根据反腐倡廉相关规定，经双方商议，特签订本协议。

一、甲乙双方责任

1. 严格遵守国家的法律法规和廉洁从业有关规定。

2. 坚持公开、公正、诚信、透明的原则（国家秘密、商业秘密和合同文件另有规定的除外），不得损害国家、集体和双方的正当利益。

3. 定期开展党风廉政宣传教育活动，提高从业人员的廉洁意识。

4. 规范招标及采购管理，加强廉洁风险防范。

5. 开展多种形式的监督检查。

6. 发生涉及本项目的不廉洁问题，及时按规定向双方纪检监察部门或司法机关举报或通报，并积极配合查处。

二、甲方人员义务

1. 不得索取或接受乙方提供的利益和方便。

（1）不得索取或接受乙方的礼品、礼金、有价证券、支付凭证和商业预付卡等（以下简称礼品礼金）；

（2）不得参加乙方安排的宴请和娱乐活动；不得接受乙方提供的通讯工具、交通工具及其他服务；

（3）不得在个人住房装修、婚丧嫁娶、配偶、子女和其他亲属就业、旅游等事宜中索取或接受乙方提供的利益和便利；不得在乙方报销任何应由甲方负担或支付的费用；

2. 不得利用职权从事各种有偿中介活动，不得营私舞弊。

3. 甲方人员的配偶、子女、近亲属不得从事与甲方项目有关的物资供应、工程分包、劳务等经济活动。

4. 不得违反规定向乙方推荐分包商或供应商。

5. 不得有其他不廉洁行为。

三、乙方人员义务

1. 不得以任何形式向甲方及相关人员输送利益和方便。

（1）不得向甲方及相关人员行贿或馈赠礼品礼金；

（2）不得向甲方及相关人员提供宴请和娱乐活动；不得为其购置或提供通讯工具、交通工具及其他服务；

（3）不得为甲方及相关人员在住房装修、婚丧嫁娶、配偶、子女和其他亲属就业、旅游等事宜中提供利益和便利；不得以任何名义报销应由甲方及相关人员负担或支付的费用。

2. 不得有其他不廉洁行为。

3. 积极支持配合甲方调查问题，不得隐瞒、袒护甲方及相关人员的不廉洁问题。

四、责任追究

1. 按照国家、上级机关和甲乙双方的有关制度和规定，以甲方为主、乙方配合，追究涉及本项目的不廉洁问题。

2. 建立廉洁违约罚金制度。廉洁违约罚金的额度为合同总额的 1%（不超过 50 万元）。如违反本协议，根据情节、损失和后果按以下规定在合同支付款中进行扣减。

（1）造成直接损失或不良后果，情节较轻的，扣除 10%～40%廉洁违约罚金；

（2）情节较重的，扣除 50%廉洁违约罚金；

（3）情节严重的，扣除 100%廉洁违约罚金。

3. 廉洁违约罚金的扣减：由合同管理单位根据纪检监察部门的处罚意见，与合同进度款的结算同步进行。

4. 对积极配合甲方调查，并确有立功表现或从轻、减轻违纪违规情节的，可根据相关规定履行审批手续后酌情减免处罚。

5. 上述处罚的同时，甲方可按照中国长江三峡集团有限公司有关规定另行给予乙方暂停合同履行、降低信用评级、禁止参加甲方其他项目等处理。

6. 甲方违反本协议，影响乙方履行合同并造成损失的，甲方应承担赔偿责任。

五、监督执行

1. 本协议作为项目合同的附件，由甲乙双方纪检监察部门联合监督执行。

2. 甲方举报电话：______________；乙方举报电话：________________。

六、其他

1. 因执行本协议所发生的有关争议，适用主合同争议解决条款。

2. 本协议作为________________合同的附件，本合同一式十份（其中正本二份，双方各执一份；副本八份，甲方六份，乙方二份）。

3. 双方法定代表人或其委托代理人在此签字并加盖单位章，签字并盖章之日起本协议生效。

甲方：（盖单位章）　　　　　　　　　　乙方：（盖单位章）

法定代表人（或其委托代理人）：　　　　法定代表人（或其委托代理人）：

附件四

安全生产合同（格式）

为在__________________科研合同（合同编号：______）的实施过程中创造安全、高效的工作环境，切实搞好本项目的安全工作，中国长江三峡集团有限公司（以下简称发包人）与____________________（以下简称承包人），特此签订安全生产合同：

一、发包人职责

1. 严格遵守国家有关安全生产的法律法规，认真执行合同中的有关安全要求。

2. 按照“安全第一、预防为主”和坚持“管生产必须管安全”的原则进行安全生产管理，做到生产与安全工作同时计划、布置、检查、总结和评比。

3. 重要的安全设施必须坚持与主体工程“三同时”的原则，即：同时设计、审批，同时施工，同时验收、投入使用。

4. 定期召开安全生产调度会，及时传达中央及地方有关安全生产的精神。

5. 组织对承包人施工现场安全生产检查，监督承包人及时处理发现的各种安全隐患。

二、承包人职责

1. 严格遵守国家有关安全生产的法律法规有关规定，认真执行工程承包合同中的有关安全要求。严格执行发包人安全生产许可证制度及安全生产“双十”规定。

2. 坚持“安全第一、预防为主”和“管生产必须管安全”的原则，加强安全生产宣传教育，增强全员安全生产意识，建立健全各项安全生产的管理机构和安全生产管理制度，配备专职及兼职安全检查人员，有组织有领导地开展安全生产活动。各级领导、工程技术人员、生产管理人员和具体操作人员，必须熟悉和遵守本条款的各项规定，做到生产与安全工作同时计划、布置、检查、总结和评比。

3. 建立健全安全生产责任制。从派往项目实施现场的项目经理到生产工人（包括临时雇请的民工）的安全生产管理系统必须做到纵向到底，一环不漏；各职能部门、人员的安全生产责任制做到横向到边，人人有责。项目经理是安全生产的第一责任人。现场设置的安全机构，专职安全管理人员数量不低于施工总人数2%，专职负责所有员工的安全和治安保卫工作及预防事故的发生；同时，兼职安全管理人员数量不低于施工总人数3%。安全机构人员有权按有关规定发布指令，并采取保护性措施防止事故发生。

4. 承包人在任何时候都应采取各种合理的预防措施，防止其员工发生任何违法、违禁、暴力或妨碍治安的行为。

5. 承包人必须具有劳动安全管理部门颁发的安全生产证书，参加施工的人员，必须接受安全技术教育，熟知和遵守本工种的各项安全技术操作规程，定期进行安全技术考核，合格者方准上岗操作。对于从事电气、起重、建筑登高架设作业、锅炉、压力容器、焊接、机动车船艇驾驶、爆破、潜水、瓦斯检验等特殊工种人员，经过专业培训，获得《安全操作合格证》后，方准持证上岗。施工现场如出现特种作业无证操作现象时，项目经理必须承担管理责任。

6. 对于易燃易爆的材料除应专门妥善保管之外，还应配备有足够的消防设施，所有施工人员都应熟悉消防设备的性能和使用方法。承包人不得将任何种类的爆炸物给予、易货或以其他方式转让给任何其他人，或允许、容忍上述同样行为。

7. 操作人员上岗，必须按规定穿戴防护用品。施工负责人和安全检查员应检查劳动防护用品的穿戴情况，不按规定穿戴防护用品的人员不得上岗。

8. 所有施工机具设备和高空作业的设备均应定期检查，并有安全员的签字记录，保证其经常处于完好状态，不合格的机具、设备和劳动保护用品严禁使用。

9. 施工中采用新技术、新工艺、新设备、新材料时，必须制定相应的安全技术措施，施工现场必须具有相关的安全标志牌。

10. 承包人必须按照本工程项目特点，组织制定本工程实施中的生产安全事故应急救援预案。若发生安全事故，应按照《国务院关于特大安全事故行政责任追究的规定》以及其他有关规定，及时上报有关部门，并坚持“四不放过”的原则，严肃处理相关责任人。

三、违约责任

如因发包人或承包人违约造成安全事故，将依法追究责任。

本合同一式十份（其中正本二份，双方各执一份；副本八份，甲方六份，乙方二份）。由双方法定代表人或其委托代理人签署与加盖单位章后生效，全部工程竣工验收后失效。

发　包　人：	承包人：
法定代表人：	法定代表人：
（或其委托代理人）（签名盖单位章）	（或其委托代理人）（签名盖单位章）
地　　　址：	地　　　址：
邮 政 编 码：	邮 政 编 码：
电　　　话：	电　　　话：
传　　　真：	传　　　真：
开 户 银 行：	开 户 银 行：
账　　　号：	账　　　号：

第五章　投标报价表

5.1　投标报价说明

1）本《投标报价表》应与投标人须知、合同条款、技术条款、图纸及附件等文件结合起来理解或解释或使用。

2）本《投标报价表》中所有单价、合价、总价及表格等均由投标人填写。整个合同的总价应根据《投标报价表》中填写的数量计算，并按《投标报价表》中所载各项目内所报的单价和合价确定。

3）具有标价的《投标报价表》中所报的单价和合价除另有规定外，均已包括了实施合同项目所需的人工费、材料费（含燃料动力费等）、差旅费、测试化验加工费、设备费（含设备折旧、租赁、使用费等）、知识产权费、会议费、咨询费、出版印刷、管理费、利润、税费及合同包括的所有风险、义务和责任等全部费用。

4）无论工程量是否列明，具有标价的《投标报价表》中的每一项均须填写单价或合价，对投标人没有填写单价或合价的项目的费用应视为已包含在《投标报价表》的其他单价或合价之中。

5）承包人应根据本项目特点及复杂性，充分考虑与其他有关方的干扰和协调配合，其相应费用已包含在《投标报价表》报价中，发包人不另行支付。

6）对于符合要求的投标文件，在签订合同前，如发现《投标报价表》中有计算和汇总算术错误，应按以下规定修正。

(1）投标文件中的大写金额与小写金额不一致的，以大写金额为准。

(2）项目单价与数量的乘积与该项目的合价不吻合时，应以合价为准，修正单价。

(3）若投标报价汇总表中的金额与相应的各分组清单中的合计金额不吻合时，应以修正算术错误后的各分组清单中的合计金额为准，修正投标报价汇总表中相应部分的金额和投标总报价。

(4）若已标价的《投标报价表》中的数量与招标文件（包括招标文件的修改和澄清）《投标报价表》中的工程量不一致的，应以招标文件（包括招标文件的修改和澄清）中提供的数量为准，修正投标报价中的数量，并调整该项目的合价、相应分组工程报价及投标总报价。

7）《投标报价表》中各项均以人民币元为单位报价。

8）《投标报价表》的每一页均应盖投标人单位章或法定代表人（或其委托代理人）签名。

9）投标人应完全按本章规定的格式与要求的文字说明，提供所列的投标辅助资料。凡是有合计栏的应填列。

10）投标人应在投标报价汇总表前增加《投标报价表》报价详细说明。

11）报价分项说明，各科目具体情况如下：

（1）人工费：是指在项目实施过程中支付给项目组成员的人工费用。人工费应结合承包人所在地域实际以及相关人员参与项目的工作时间等因素合理编制。

（2）咨询费：是指在项目实施过程中支付给临时聘请的咨询专家的费用。专家咨询费不得支付给参与专项及其项目管理的相关工作人员。

（3）会议费：是指在项目实施过程中为组织开展学术研讨、咨询以及协调项目等活动而发生的会议费用。

（4）差旅费：指在项目实施过程中开展科学实验（试验）、科学考察、业务调研、学术交流等发生的差旅费用。

（5）出版/文献/信息传播/知识产权事务费：是指在项目实施过程中需要支付的出版费、资料费、专用软件使用费、文献检索费、专业通信费、专利申请及其他知识产权事务等费用。

（6）国际合作与交流费：是指项目组成员在项目实施过程中需要出国（出境）或需要邀请境外专家来华工作的费用。

（7）材料费：是指在项目实施过程中消耗的各种原材料、辅助材料、低值易耗品等的采购及运输、装卸、整理等费用。包括在项目实施过程中相关大型仪器设备、专用科学装置等运行发生的可以单独计量的水、电、气、燃料消耗费用等。

（8）设备费：是指在项目实施过程中发生的设备折旧、租赁和使用费用。

（9）测试化验加工费：是指在项目实施过程中支付给外单位（包括承担单位内部独立经济核算单位）的检验、测试、化验及加工等费用。

（10）其他费用：项目实施过程中发生的除上述费用之外的其他费用。

（11）管理费：是指项目研究团队向其上级主管机关（或单位）上缴的管理费用。

（12）利润：承包人实施本项目应获得的利润。

（13）税费：①本合同适用增值税税率为________（填税率）。采用一般计税方式的，投标人应按照“价税分离”方式进行报价。②卖方/承包人应按照国家有关法律、法规有关规定和国家营改增政策和增值税的相关规定，计取、缴纳税费，卖方/承包人应缴纳的税费均包括在合同价格中。

5.2　报价清单表

表 5.2－1　____________合同投标报价表——汇总表

投标单位	
总报价	投标总报价：人民币大写：__________________元， 小写：__________________元。
合计	
项目执行期限	项目执行期限________________月。
其他说明	
投标单位（盖单位章）： 法人代表或其委托代理人： 年　　月　　日	

表 5.2－2　______合同投标报价表——明细表

序号	项目名称	单位	数量	单价（元）	合价（元）	备注
一	工作经费					
1	劳务费					
1.1	教授级高工	人日				
1.2	高级工程师	人日				
1.3	工程师	人日				
1.4	…	人日				
2	咨询费					
2.1	…					
3	会议费					
3.1	…					
4	差旅费					
4.1	…					
5	出版/文献/信息传播/知识产权事务费					
5.1	出版费					
5.2	资料费					
5.3	专用软件使用费					
5.4	专业通信费					
5.5	知识产权事务费					
5.6	…					

续表

序号	项目名称	单位	数量	单价（元）	合价（元）	备注
6	国际合作与交流费					
6.1	…					
7	材料费					
7.1	…					
8	设备费					
8.1	…					
9	测试化验加工费					
9.1	…					
10	其他费用					
10.1	…					
二	管理费					
三	利润					
四	税费					
五	合计	元				一+二+三+四

注：投标人应在本表前添加《投标报价表》报价详细说明，且须与实施方案中的资源投入等要素相匹配。

5.3 投标报价辅助资料

投标人认为的其他需要说明的资料。

第六章　图　　纸

招标人提供图纸如下：

6.1　图纸目录

ZB－［序号］－____________________图

ZB－［序号］－ ____________________图

6.2　图纸

第七章　技术规范和技术条款

本技术条款中所列内容仅是投标人必须了解和满足的基本要求，投标人应根据招标文件的要求，对研究内容进行具体细化。

投标人提供的成果必须满足招标文件的要求。招标人有权在合同签订后，根据实际情况在保持总的系统框架不变的前提下，对技术规范中所提要求进行相应修改和完善，在这种情况下，投标人应对招标人的要求作出充分的响应并在提交成果中落实。

7.1　科研项目说明

包括（但不限于）：

1）开展本项目研究的背景、必要性、重要性；

2）发包人开展的同类或类似项目的研究和进展及成果等；

3）发包人提供的边界条件（包括前期研究成果等）。

7.2　研究目的

包括（但不限于）：

1）开展本项目研究的主要目的；

2）开展本项目研究解决的主要实际问题和科学问题。

7.3　研究主要内容

针对拟解决关键问题开展研究的主要内容，包括（但不限于）：

1）开展本项目研究的主要方法；

2）开展本项目研究的主要技术路线。

7.4　研究进度要求

包括（但不限于）：

1）本项目研究的主要工作进度；

2）本项目研究的中间成果和主要成果提交进度；

3）本项目研究的最终成果提交时间等。

7.5 考核指标

考核指标包括约束性指标和预期性指标，约束性指标即本项目必须要实现的关键性的指标；预期性指标指在约束性指标之外，对完成项目任务具有重要意义、确有必要的其他导向性的指标。包括（但不限于）：

1）主要技术指标：如形成的知识产权、技术标准、新技术、新产品、新装置、论文专著等数量及水平等；

2）主要经济指标：如技术及产品应用所形成的市场规模、效益等；

3）项目实施中形成的示范基地、中试线、生产线及其规模等；

4）其他应考核的指标。

7.6 本项目适用的法律法规

包括（但不限于）：

1）《中华人民共和国促进科技成果转化法》（2015 年发布）；

2）《中华人民共和国科学技术进步法》（2007 年发布）；

3）其他相关法律法规。

7.7 技术标准和技术文件

包括（但不限于）：适用于本项目的各类技术标准及集团公司下发的各类技术文件。

第八章　投标文件格式

________________（项目名称及标段）招标

投 标 文 件

投标人：________________________________（盖单位章）

法定代表人或其委托代理人：__________________（签字）

______年________月____日

目　录

一、投标函
二、授权委托书、法定代表人身份证明
三、联合体协议书（如有）
四、投标保证金
五、投标报价表
六、项目实施方案
七、偏差表
八、拟分包项目情况表
九、资格审查资料
十、其他材料

一、投标函

致：______________（招标人名称）：

1. 我方已阅读并充分理解投标人须知中列明的相关法律法规、部门规章以及招标采购和施工管理制度。

2. 我方已仔细研究了__________（项目名称及标段）招标文件的全部内容，愿意以人民币（大写）______元（¥______）的投标总报价，按照合同的约定提供服务并交付成果。

3. 我方承诺在招标文件规定的投标有效期____天内不修改、撤销投标文件。

4. 随同本投标函提交投标保证金一份，金额为人民币（大写）____________元（¥______元）。

5. 如我方中标：

（1）我方承诺在收到中标通知书后，在中标通知书规定的期限内与你方签订合同。

（2）我方承诺按照招标文件规定向你方递交履约保证金。

（3）我方承诺将组建项目团队，在合同约定的期限内提供服务并交付成果。

6. 我方已经知晓中国长江三峡集团有限公司有关投标和合同履行的管理制度，并承诺将严格遵守。

7. 我方在此声明，所递交的投标文件及有关资料内容完整、真实和准确。

8. 我方同意按照你方要求提供与我方投标有关的一切数据或资料，完全理解你方不一定接受最低价的投标或收到的任何投标。

9. ____（其他补充说明）。

投标人：________________________（盖单位章）

法定代表人或其委托代理人：____________（签字）

地址__________________________邮编____________

电话__________________________传真____________

电子邮箱____

网址：____

______年______月______日

二、授权委托书、法定代表人身份证明

本人________（姓名）系______________________（投标人名称）的法定代表人，现委托__________（姓名）为我方代理人。代理人根据授权，以我方名义签署、澄清、说明、补正、递交、撤回、修改_____________________（项目名称及标段）__________标段投标文件、签订合同和处理有关事宜，其法律后果由我方承担。

代理人无转委托权。

附：法定代表人身份证明

投　标　人：______________________________（盖单位章）

法定代表人：______________________________（签字）

身份证号码：______________________________

委托代理人：________________________________（签字）

身份证号码：________________________________

_____年_____月_____日

注：若法定代表人不委托代理人，则只需出具法定代表人身份证明。

附：法定代表人身份证明

投标人名称：________________________________

单位性质：________________________________

地址：________________________________

成立时间：__________年________月________日

经营期限：________________________________

姓名：______________性别：______年龄：______ 职务：______

系______________________________（投标人名称）的法定代表人。

特此证明。

附：法定代表人身份证件复印件

法定代表人身份证件复印件粘贴处

投标人：______________________________（盖单位章）

______年______月______日

三、联合体协议书（如有）

牵头人名称：______________________________

法定代表人：______________________________

法定住所：______________________________

成员二名称：______________________________

法定代表人：______________________________

法定住所：______________________________

……

鉴于上述各成员单位经过友好协商，自愿组成______（联合体名称）联合体，共同参加__________________（招标人名称）（以下简称招标人）________（项目名称及标段）（以下简称本项目）的投标并争取赢得本项目承包合同（以下简称合同）。现就联合体投标事宜订立如下协议：

1. ________（某成员单位名称）为______________（联合体名称）牵头人。

2. 在本项目投标阶段，联合体牵头人合法代表联合体各成员负责本项目投标文件编制活动，代表联合体提交和接收相关的资料、信息及指示，并处理与投标和中标有关的一切事务；联合体中标后，联合体牵头人负责合同订立和合同实施阶段的主办、组织和协调工作。

3. 联合体将严格按照招标文件的各项要求，递交投标文件，履行投标义务和中标后的合同，共同承担合同规定的一切义务和责任，联合体各成员单位按照内部职责的部分，承担各自所负的责任和风险，并向招标人承担连带责任。

4. 联合体各成员单位内部的职责分工如下：________________________。按照本条上述分工，联合体成员单位各自所承担的合同工作量比例如下：______________。

5. 投标工作和联合体在中标后项目实施过程中的有关费用按各自承担的工作量分摊。

6. 联合体中标后，本联合体协议是合同的附件，对联合体各成员单位有合同约束力。

7. 本协议书自签署之日起生效，联合体未中标或者中标时合同履行完毕后自动失效。

8. 本协议书一式____________份，联合体成员和招标人各执一份。

牵头人名称：____________________（盖单位章）
法定代表人或其委托代理人：____________（签字）

成员一名称：____________________（盖单位章）
法定代表人或其委托代理人：____________（签字）

成员二名称：____________________（盖单位章）
法定代表人或其委托代理人：____________（签字）

______年______月______日

四、投标保证金

（一）采用在线支付（企业银行对公支付）或线下支付（银行汇款）方式

采用在线支付（企业银行对公支付）或线下支付（银行汇款）方式时，提供以下文件：

投标保证金承诺（格式）

致：三峡国际招标有限责任公司

鉴于__（投标人名称）__已递交（项目名称及标段）招标的投标文件，根据招标文件规定，本投标人向贵公司提交人民币____万元整的投标保证金，作为参与该项目招标活动的担保，履行招标文件中规定义务的担保。

若本投标人有下列任何一种行为，同意贵公司不予退还投标保证金：

（1）在开标之日到投标有效期满前，撤销或修改其投标文件；

（2）在收到中标通知书 30 日内，无正当理由拒绝与招标人签订合同；

（3）在收到中标通知书 30 日内，未按招标文件规定提交履约担保；

（4）在投标文件中提供虚假的文件和材料，意图骗取中标。

附：投标保证金退还信息及中标服务费交纳承诺书（格式）

投标保证金递交凭证扫描件

投标人：______（加盖投标人单位章）______
法定代表人或其委托代理人：____________（签字）
日　期：______年______月______日

（二）采用银行保函方式

采用银行保函方式时，按以下格式提供投标保函及《投标保证金退还信息及中标服务费交纳承诺书》

投标保函（格式）

受益人：三峡国际招标有限责任公司

鉴于________(投标人名称)(以下称“投标人”)于____年____月____日参加____(项目名称及标段)______的投标，(　　　银行名称　　　)(以下称“本行”)无条件地、不可撤销地具结保证本行或其继承人和其受让人，一旦收到贵方提出的下述任何一种事实的书面通知，立即无追索地向贵方支付总金额为____________的保证金。

（1）在开标之日到投标有效期满前，投标人撤销或修改其投标文件；

（2）在收到中标通知书 30 日内，投标人无正当理由拒绝与招标人签订合同；

（3）在收到中标通知书 30 日内，投标人未按招标文件规定提交履约担保；

（4）投标人未按招标文件规定向贵方支付中标服务费；

（5）投标人在投标文件中提供虚假的文件和材料，意图骗取中标。

本行在接到受益人的第一次书面要求就支付上述数额之内的任何金额，并不需要受益人申述和证实他的要求。

本保函自开标之日起（投标文件有效期日数）日历日内有效，并在贵方和投标人同意延长的有效期内(此延期仅需通知而无须本行确认)保持有效，但任何索款要求应在上述日期内送到本行。贵方有权提前终止或解除本保函。

银行名称：(盖单位章)
许可证号：
地　　址：
负 责 人：(签字)
日　　期：　　年　　月　　日

附件：投标保证金退还信息及中标服务费交纳承诺书

三峡国际招标有限责任公司：

我单位已按招标文件要求，向贵司递交了投标保证金。信息如下：

序号	名称	内容
1	招标项目名称 及标段	
2	招标编号	
3	投标保证金金额	合计：￥____________元，大写____________
4	投标保证金缴纳方式 （请在相应的“□”内划“√”）	□4.1在线支付（企业银行对公支付） 汇款人： 汇款银行： 银行账号： 汇款行所在省市： □4.2线下支付（银行汇款） 汇款人： 汇款银行： 银行账号： 汇款行所在省市： □ 4.3 银行投标保函 投标保函开具行：
5	中标服务费发票开具 （请在相应的“□”内划“√”）	□ 5.1增值税普通发票 □ 5.2增值税专用发票（请提供以下完整开票信息）： ● 名称： ● 纳税人识别税号（或三证合一号码）： ● 地址、电话： ● 开户行及账号：

我单位确认并承诺：

1. 若中标，将按本招标文件投标须知的规定向贵司支付中标服务费用，拟支付贵司的中标服务费已包含在我单位报价中，未在投标报价表中单独出项。

2. 如通过方式 4.1 或 4.2 缴纳投标保证金，贵司可从我单位保证金中扣除中标服务费用后将余额退给我单位，如不足，接到贵司通知后 5 个工作日内补足差额；如通过方式 4.3 缴纳投标保证金，将在合同签订并提供履约担保（如招标文件有要求）后 5 日内支付中标服务费，否则贵司可以要求投标保函出具银行支付中标服务费。

3. 对于通过方式 4.1 或 4.2 提交的保证金，请按原汇款路径退回我单位，如我单位账户发生变化，将及时通知贵司并提供情况说明；对于通过方式 4.3 提交的银行投标保函，贵司收到我单位汇付的中标服务费后将银行保函原件按下列地址寄回：

投标人名称（盖单位章）：

地　址：　　　　邮编：　　　　联系人：　　　　联系电话：

法定代表人或其委托代理人：　　　　年　　月　　日

说明：1. 本信息由投标人填写，与投标保证金递交凭证或银行投标保函一起密封提交。

2. 本信息作为招标代理机构退还投标保证金和开具中标服务费发票的依据，投标人必须按要求完整填写并加盖单位章（其余用章无效），由于投标人的填写错误或遗漏导致的投标担保退还失误或中标服务费发票开具失误，责任由投标人自负。

五、投标报价表

说明：投标报价表按第五章“投标报价表”中的相关内容及格式填写。构成合同文件的投标报价表包括第五章“投标报价表”有关清单、投标报价以及其他说明的内容。

六、项目实施方案

投标人应根据自身情况及本项目的工作目标，针对可行性研究、项目实施、成果验证等阶段提出具体工作方案，主要内容包括（但不限于）：

1　研究目的及技术现状

1.1　研究目的（对开展本项目研究的认识）；

1.2　国内外技术现状、发展趋势的分析和评价（见附表 6－1）；

1.3　本单位承担本项目的技术优势及以往的研究业绩。

2　项目实施方案

2.1　拟解决的关键技术问题；

2.2　项目资源配置方案；

2.3　技术创新要点（如有）；

2.4　主要研究内容；

2.5　技术路线：拟采取的技术路线，技术工作流程；

2.6　工作方案：各阶段实施内容与相应的研究工作方案；

2.7　进度安排：年度、季度的具体研究内容和所要达到的目标和相应的保障措施；

2.8　质量控制、安全管理及保障措施；

2.9　技术经济指标：具体的技术经济参数、性能指标等。

3　项目预期目标及经济、社会效益

3.1　项目预期目标：项目研究所要达到的目标；

3.2　最终提交的研究成果及其形式：包括研究报告、试验报告、软件、图纸、示范工程、产品等；

3.3　经济、社会、环境效益分析。

4　其他

表 6－1　国内外现状及趋势分析

包括本项目相关国内外总体研究情况和水平、最新进展和发展前景，并填写下表。

表 6-1-1　国外从事相关研究的主要机构（不超过 5 家）

序号	机构名称	相关研究内容	相关研究成果	成果应用情况	本项目与国外机构相关研究内容自评价（请在框里打√）
1					□领跑□并跑□跟跑
2					□领跑□并跑□跟跑
…					□领跑□并跑□跟跑

表 6-1-2　国内从事相关研究的主要机构（不超过 5 家）

序号	机构名称	相关研究内容	相关研究成果	成果应用情况
1				
2				
…				

表 6-1-3　项目研发相关的主要文献、专利、标准（不超过 10 项）

序号	类型（文献、专利、标准）	名称	机构	作者
1				
2				
…				

七、偏差表

表 7-1　商务偏差表

投标人可以不提交一份对本招标文件合同条款的逐条注释意见，但应根据下表的格式列出对上述条款的偏差（如果有）。未在商务偏差表中列明的商务偏差，将被视为满足招标文件要求。

项目	条款编号	偏差内容	备　注

投 标 人：________________（盖单位章）

法定代表人或其委托代理人：________（签字）

____年____月____日

表 7-2　技术偏差表

投标人可以不提交一份对本招标文件技术要求的逐条注释意见，但应根据下表的格式列出对上述条款的偏差（如果有）。未在技术偏差表中列明的技术偏差，将被视为满足招标文件要求。

项目	条款编号	偏差内容	备　注

投 标人：＿＿＿＿＿＿＿＿＿＿＿＿（盖单位章）

法定代表人或其委托代理人：＿＿＿＿＿＿（签字）

＿＿＿年＿＿＿月＿＿＿日

八、拟分包项目情况表

序号	拟分包内容名称、范围及理由	拟选分包人					备注
		拟选分包人名称		注册地点	企业资质	有关业绩	
		1					
		2					
		3					
		1					
		2					
		3					
		1					
		2					
		3					
		1					
		2					
		3					

备注：投标人需根据拟分包的项目情况提供分包意向书/分包协议、分包人资质证明文件。

投标人：＿＿＿＿＿＿＿＿＿＿＿＿（盖单位章）

法定代表人或其委托代理人：＿＿＿＿＿＿（签字）

＿＿＿年＿＿＿月＿＿＿日

九、资格审查资料

（一）投标人基本情况表

投标人全称			
投标人组织机构代码或统一社会信用代码			
主要业务范围			
法定代表人姓名		职务	
投标人地址		邮政编码	
电话		传真	
成立日期		现有职工人数	
资质等级证书	等 级： 证书号：		
质量管理体系证书	等 级： 证书号：		
其他			
单位简介：			

（二）近年财务状况表

投标人须提交近______年（______年~ ______年）的财务报表，并填写下表。

序号	项目	______年	______年	______年
1	固定资产			
2	流动资产			
	其中：存货			
3	总资产			
4	长期负债			
5	流动负债			
6	净资产			
7	利润总额			
8	资产负债率			
9	流动比率			
10	速动比率			
11	销售利润率			

（三）______年以来类似项目业绩

序号	项目名称	完成年度	委托单位	项目规模	主要负责人	主要研究内容	备注
1							
2							
3							
4							
5							
6							
…							

注：1. 投标人应随此表附上________业绩证明材料（如合同、项目验收材料等）。否则，评标委员会将不予采信。

2. 如有多个类似项目，可按此表格扩展。

（四）拟投入本项目人员配备情况表

序号	姓名	年龄	性别	学 历	专业	职称	投入本项目工作时间	在本项目担任角色

填报说明：1. 职称类别：正高级、副高级、中级、初级、其他。

2. 在项目中担任角色：项目负责人、项目骨干、其他研究人员。

（五）本项目主要负责人简历表

姓名		出生年月		学历	
毕业院校和专业				职　称	
工作单位及部门					
所从事的专业及时间					
拟在本项目中担任的职务：第　　负责人（请注明）					
在本项目中承担的职责：					
工作简历（年份、单位及部门、从事何种工作、担任何种职务/职称等）：					
个人主要业绩（主持和参与过的重要科技项目、获奖情况、发表论文专著情况等）：					
目前正在承担的国家重大项目或任务（名称、来源、主持还是参与、起止时间等）：					
本人签字： 年　月　日			单位盖章： 年　月　日		

注：1. 本表仅供项目主要负责人（最多限3人）填写，每人各填一表。
2. 需附身份证、职称证书、荣誉证书、获奖证书等证明材料的复印件。

（六）项目负责人履约承诺书

中国长江三峡集团有限公司：

本人承诺：

在本项目履约期间，保证按“投入本项目人员配备情况表”中的承诺的“投入本项目的工作时间”进行项目研究工作。

保证在合同实施期间内，不更换项目负责人及项目主要骨干研究人员。

保证在合同实施期间履行项目负责人职责，并按合同规定的进度要求完成各项工作，并满足质量要求和承担相应责任与风险。

承诺人：（签字）

投标人：（盖单位章）

日期：　　年　　月　　日

（七）拟投入本项目的骨干人员简历表

姓　名		性 别		出生日期	年　　月　　日
毕业院校及专业				毕业时间	年　　月　　日
从事本专业时间			为投标人服务时间		
执 业 注 册			职　　称		
主　要　经　历					
时　间	参加过的项目名称及规模			该项目中任职	

（八）近年发生的诉讼及仲裁情况

序号	案由	双方当事人名称	处理结果或进度情况
…	…	…	…

注：(1) 本表为调查表。不得因投标人发生过诉讼及仲裁事项作为否决其投标、作为量化因素或评分因素，除非其中的内容涉及其他规定的评标标准，或导致中标后合同不能履行。

(2) 诉讼及仲裁情况是指投标人在招投标和中标合同履行过程中发生的诉讼及仲裁事项，以及投标人认为对其生产经营活动产生重大影响的其他诉讼及仲裁事项。

投标人仅需提供与本次招标项目类型相同的诉讼及仲裁情况。

(3) 诉讼包括民事诉讼和行政诉讼；仲裁是指争议双方的当事人自愿将他们之间的纠纷提交仲裁机构，由仲裁机构以第三者的身份进行裁决。

(4)“案由”是事情的原由、名称、由来，当事人争议法律关系的类别，或诉讼仲裁情况的内容提要。如“工程款结算纠纷”。

(5)“双方当事人名称”是指投标人在诉讼、仲裁中原告（申请人）、被告（被申请人）或第三人的单位名称。

(6) 诉讼、仲裁的起算时间为：提起诉讼、仲裁被受理的时间，或收到法院、仲裁机构诉讼、仲裁文书的时间。

(7) 诉讼、仲裁已有处理结果的，应附材料见第二章“投标人须知”3.5.3；还没有处理结果，应说明进展情况，如某某人民法院于某年某月某日已经受理。

(8) 如招标文件第二章“投标人须知”3.5.5项规定的期限内没有发生的诉讼及仲裁情况，投标人在编制投标文件时，需在上表“案由”空白处声明：“经本投标人认真核查，在招标文件第二章“投标人须知”3.5.5项规定的期限内本投标人没有发生诉讼及仲裁纠纷，如不实，构成虚假，自愿承担由此引起的法律责任。特此声明。

（九）其他资格审查材料

以下文件应提供清晰复印件并加盖单位章。

(1) 企业法人营业执照副本；

(2) 与本项目相关的资质证书；

(3) 投标人认为必要的其他材料。

十、其他材料

1. 初步评审需要的材料

投标人应根据招标文件具体要求，提供初步评审需要的材料，包括但不限于下列内容，请将所需材料在投标文件中的对应页码填入表格中。

序号	名称	网上电子投标文件	纸质投标文件正本	备注
	…			

注：1. 所提供的企业证件等资料应为有效期内的文件，其他材料应满足招标文件具体要求。
2. 投标保证金采用银行保函时应提供原件，同《投标保证金退还信息及中标服务费交纳承诺书》原件共同密封提交。
3. 本表供评标时参考，以投标文件实际提供的材料为准。

2. 招标文件规定的其他材料。

3. 招标文件第二章“投标人须知”中的第4.2.2项的规定，请列出投标文件未能上传的内容目录（如有）。

4. 投标人认为需要提供的其他材料。

信息系统开发及实施项目
招标文件范本

QZ/CTG 02. 37. V2—2017

________信息系统开发及实施项目

招标文件

招标编号：________________

招标人：________________

招标代理机构：________________

20____年____月____日

使用说明

一、《招标文件》适用于中国长江三峡集团有限公司信息系统开发及实施项目招标。

二、本《服务招标文件范本》的章、节、条、款、项、目，供招标人和投标人选择使用；如有的条款不适用于招标项目，可在使用过程中注明“不适用”；以空格标示的由招标人填写的内容，招标人应根据招标项目具体特点和实际需要具体化，确实没有需要填写的，可在空格中用“/”标示。

三、招标人应按照《服务招标文件范本》第一章的格式发布招标公告，并将实际发布的招标公告编入出售的招标文件中，作为投标邀请。其中，招标公告应同时注明发布所在的所有媒介名称。

四、招标人应全文引用《服务招标文件范本》第二章“投标人须知”的正文内容，需要明确和细化的内容在“投标人须知前附表”中修改。

五、《服务招标文件范本》第三章“评标办法”规定采用综合评估法作为评标方法，各评审因素的评审标准、分值和权重等，原则上应不做修改的加以引用。

六、《服务招标文件范本》第四章“合同条款及格式”中的内容可根据项目实际情况进行完善和修改。

七、《服务招标文件范本》第五章“报价清单”由招标人根据招标项目具体特点和实际需要进行细化和完善，并与“投标人须知”、“合同条款及格式”、“服务标准和要求”相衔接。本章所附表格可根据有关规定作相应的调整和补充。

八、《服务招标文件范本》第七章“技术标准和要求”由招标人根据招标项目具体特点和实际需要编制。“技术标准和要求”中的各项服务标准应符合国家强制性标准，不得含有倾向或者排斥潜在投标人的其他内容。

九、《服务招标文件范本》第八章“投标文件格式”中的内容可根据项目实际情况进行完善和修改，但是投标文件的构成不应改变。

十、本《服务招标文件范本》为试行版，将根据实际执行过程中出现的问题及时进行修改。各使用单位或个人对《服务招标文件范本》的修改意见和建议，可向编制工作小组反映。

邮箱：ctg _ zbfb@ctg. com. cn。

第一章　招标公告

______________（项目名称）招标公告

1　招标条件

本招标项目（项目名称）已获批准采购，采购资金来自(资金来源)，招标人为______________，招标代理机构为三峡国际招标有限责任公司。项目已具备招标条件，现对该项目进行公开招标。

2　项目概况与招标范围

2.1　项目概况

______________（说明本次招标项目的建设地点、规模等）。

2.2　招标范围

______________（说明本次招标项目的招标范围、标段划分（如果有）、计划工期等）。

3　投标人资格要求

3.1　本次招标要求投标人须具备以下条件：

1）资质条件：________________；

2）业绩要求：________________；

3）信誉要求：________________；

4）财务要求：________________；

5）其他要求：________________。

3.2　本次招标 ________（接受或不接受）联合体投标。联合体投标的，应满足下列要求：__________。

3.3　投标人不能作为其他投标人的分包人同时参加投标；单位负责人为同一人或者存在控股、管理关系的不同单位，不得参加同一标段投标或者未划分标段的同一招标项目投标；本次招标________（接受或不接受）代理商的投标（如投标人为代理商，需获得________授权）。

3.4 各投标人均可就本招标项目的____（具体数量）个标段投标。[①]

4 招标文件的获取

4.1 招标文件发售时间为北京时间____年____月____日____时整至____年____月____日____日____时整（北京时间，下同）。

4.2 招标文件每标段售价____元，售后不退。

4.3 有意向的投标人须登录中国长江三峡集团有限公司电子采购平台（网址：http://epp.ctg.com.cn/，以下简称“电子采购平台”，服务热线电话：________________）进行免费注册成为注册供应商，在招标文件规定的发售时间内通过电子采购平台点击“报名”提交申请，并在“支付管理”模块勾选对应条目完成支付操作。潜在投标人可以选择在线支付或线下支付（银行汇款）完成标书款缴纳：

1）在线支付（单位或个人均可）时请先选择支付银行，然后根据页面提示进行支付，支付完成后电子采购平台会根据银行扣款结果自动开放招标文件下载权限；

2）线下支付（单位或个人均可）时须通过银行汇款将标书款汇至三峡国际招标有限责任公司的开户行：工商银行____________支行（账号：____________________）。线下支付成功后，潜在投标人须再次登录电子采购平台，依次填写支付信息、上传汇款底单并保存提交，招标代理机构工作人员核对标书款到账情况后开放下载权限。

4.4 若超过招标文件发售截止时间则不能在电子采购平台相应标段点击“报名”，将不能获取未报名标段的招标文件，也不能参与相应标段的投标，未及时按照规定在电子采购平台报名的后果，由投标人自行承担。

5 电子身份认证

本项目投标文件的网上提交部分需要使用电子钥匙（CA）加密后上传至本电子采购平台（标书购买阶段不需使用CA电子钥匙）。本电子采购平台的相关电子钥匙（CA）须在北京天威诚信电子商务服务有限公司指定网站办理（网址：http://sanxia.szzsfw.com/，服务热线电话：______________），请潜在投标人及时办理，以免影响投标，由于未及时办理CA影响投标的后果，由投标人自行承担。

6 投标文件的递交

6.1 投标文件递交的截止时间（投标截止时间，下同）为____年____月____日____时

① 分标段时适用，根据项目情况修改。

整。本次投标文件的递交分现场递交和网上提交，现场递交的地点为______；网上提交的投标文件应在投标截止时间前上传至电子采购平台。

6.2 在投标截止时间前，现场递交的投标文件未送达到指定地点或者网上提交的投标文件未成功上传至电子采购平台，招标人不予受理。

7 发布公告的媒介

本次招标公告同时在中国招标投标公共服务平台（http：//www. cebpubservice. com)、中国长江三峡集团有限公司电子采购平台（http：//epp. ctg. com. cn)、三峡国际招标有限责任公司网站（www. tgtiis. com）上发布。

8 联系方式

招标人：______________	招标代理机构：______________
地　址：______________	地　　址：______________
邮　编：______________	邮　　编：______________
联系人：______________	联　系　人：______________
电　话：______________	电　　话：______________
传　真：______________	传　　真：______________
电子邮箱：______________	电子邮箱：______________
招标采购监督：______________	
联系人：______________	
电　话：______________	
传　真：______________	

______年______月______日

第一章　投标邀请书（适用于邀请招标）

____________（项目名称）投标邀请书

____________（被邀请单位名称）：

1　招标条件

本招标项目____（项目名称）____已获批准采购，采购资金来自（资金来源），招标人为______________，招标代理机构为三峡国际招标有限责任公司。项目已具备招标条件，现对该项目进行公开招标。

2　项目概况与招标范围

2.1　项目概况

____________（说明本次招标项目的建设地点、规模等）。

2.2　招标范围

____________（说明本次招标项目的招标范围、标段划分（如果有）、计划工期等）。

3　投标人资格要求

3.1　本次招标要求投标人须具备以下条件：

1）资质条件：________________；

2）业绩要求：________________；

3）信誉要求：________________；

4）财务要求：________________；

5）其他要求：________________。

3.2　本次招标________（接受或不接受）联合体投标。联合体投标的，应满足下列要求：__________。

3.3　投标人不能作为其他投标人的分包人同时参加投标；单位负责人为同一人或者存在控股、管理关系的不同单位，不得参加同一标段投标或者未划分标段的同一招标项目投标；本次招标________（接受或不接受）代理商的投标（如投标人为代理商，需获得_______授权）。

3.4　各投标人均可就本招标项目的____（具体数量）个标段投标。①

4　招标文件的获取

4.1　招标文件发售时间为北京时间____年____月____日____时整至____年____月____日____时整（北京时间，下同）。

4.2　招标文件每标段售价____元，售后不退。

4.3　有意向的投标人须登录中国长江三峡集团有限公司电子采购平台（网址：http：//epp.ctg.com.cn/，以下简称“电子采购平台”，服务热线电话：____________）进行免费注册成为注册供应商，在招标文件规定的发售时间内通过电子采购平台点击“报名”提交申请，并在“支付管理”模块勾选对应条目完成支付操作。潜在投标人可以选择在线支付或线下支付（银行汇款）完成标书款缴纳：

1）在线支付（单位或个人均可）时请先选择支付银行，然后根据页面提示进行支付，支付完成后电子采购平台会根据银行扣款结果自动开放招标文件下载权限；

2）线下支付（单位或个人均可）时须通过银行汇款将标书款汇至三峡国际招标有限责任公司的开户行：工商银行____________支行（账号：____________________）。线下支付成功后，潜在投标人须再次登录电子采购平台，依次填写支付信息、上传汇款底单并保存提交，招标代理机构工作人员核对标书款到账情况后开放下载权限。

4.4　若超过招标文件发售截止时间则不能在电子采购平台相应标段点击“报名”，将不能获取未报名标段的招标文件，也不能参与相应标段的投标，未及时按照规定在电子采购平台报名的后果，由投标人自行承担。

5　电子身份认证

本项目投标文件的网上提交部分需要使用电子钥匙（CA）加密后上传至本电子采购平台（标书购买阶段不需使用CA电子钥匙）。本电子采购平台的相关电子钥匙（CA）须在北京天威诚信电子商务服务有限公司指定网站办理（网址：http：//sanxia.szzsfw.com/，服务热线电话：________________），请潜在投标人及时办理，以免影响投标，由于未及时办理CA影响投标的后果，由投标人自行承担。

6　投标文件的递交

6.1　投标文件递交的截止时间（投标截止时间，下同）为____年____月____日____时

① 分标段时适用，根据项目情况修改。

整。本次投标文件的递交分现场递交和网上提交，现场递交的地点为______；网上提交的投标文件应在投标截止时间前上传至电子采购平台。

6.2　在投标截止时间前，现场递交的投标文件未送达到指定地点或者网上提交的投标文件未成功上传至电子采购平台，招标人不予受理。

7　确认

你单位收到本投标邀请书后，请于北京时间____年____月____日____时整前以传真或电子邮件方式予以确认。

8　联系方式

招标人：________________	招标代理机构：________________
地　址：________________	地　　址：________________
邮　编：________________	邮　　编：________________
联系人：________________	联 系 人：________________
电　话：________________	电　　话：________________
传　真：________________	传　　真：________________
电子邮箱：________________	电子邮箱：________________

招标监督：______________

联 系 人：________________

电　　话：________________

传　　真：________________

______年______月______日

第二章　投标人须知

投标人须知前附表

条款号	条款名称	编列内容
1.1.2	招标人	名称： 地址： 联系人： 电话： 电子邮箱：
1.1.3	招标代理机构	名称：三峡国际招标有限责任公司 地址： 联系人： 电话： 电子邮箱：
1.1.4	项目名称	
1.1.5	项目概况	
1.2.1	资金来源	
1.2.2	出资比例	
1.2.3	资金落实情况	
1.3.1	招标范围	本项目招标范围如下：
1.3.2	交货要求	交货批次和进度： 交货地点： 交货条件：
1.3.3	质量要求	
1.4.1	投标人资质条件、能力和信誉	资质条件： 业绩要求： 信誉要求： 财务要求： 其他要求：
1.4.2	是否接受联合体投标	□不接受 □接受，应满足下列要求：
1.4.5	是否接受代理商投标	□不接受。 □接受，应满足下列要求：
1.5	费用承担	其中中标服务费用： □由中标人向招标代理机构支付，适用于本须知 1.5 款______类招标收费标准。 □其他方式：

续表

条款号	条款名称	编列内容
1.9.1	踏勘现场	□不组织 □组织，踏勘时间： 踏勘集中地点：
1.10.1	投标预备会	□不召开 □召开，召开时间： 召开地点：
1.10.2	投标人提出问题的截止时间	投标预备会____天前
1.10.3	招标人书面澄清的时间	投标截止日期____天前
1.12.2	实质性偏差的内容	/
2.2.1	投标人要求澄清招标文件的截止时间	投标截止日期前____天
2.2.2	投标截止时间	____年____月____日____时整
2.2.3	投标人确认收到招标文件澄清的时间	收到通知后24小时内
2.3.2	投标人确认收到招标文件修改的时间	收到通知后24小时内
3.1.1	构成投标文件的其他材料	
3.3.1	投标有效期	自投标截止之日起____天
3.4.1	投标保证金	□不要求递交投标保证金 ☑要求递交投标保证金 投标文件应附上一份符合招标文件规定的投标保证金，金额为人民币______万元/标段。 **1. 递交形式** 通过在线支付或线下支付递交的投标保证金或由国内银行的省、地市级分行出具的银行保函，不接受汇票、支票或现钞等其他方式。 **2. 递交办法** 2.1 使用在线支付或线下缴纳投标保证金 潜在投标人须登录电子采购平台，于投标截止时间前在“投标管理-投标”菜单中选择项目并点击“支付保证金”，并在“支付管理”模块勾选对应条目完成支付操作。潜在投标人可以选择在线支付或线下支付进行缴纳： (1) 在线支付（通过“B2B”即企业银行对公支付）保证金时，请根据页面提示选择支付银行进行支付； (2) 线下支付投标保证金时，潜在投标人须通过银行汇款至招标代理机构，汇款成功后，再次登录电子采购平台，依次填写支付信息、上传汇款底单并保存提交； 2.2 银行保函 潜在投标人须开具有效的银行保函，登录电子采购平台，在线下支付付款方式中选“保函”，并上传银行保函彩色扫描件。 **3. 递交时间** 潜在投标人选择在线支付方式缴纳投标保证金时，须确保在投标

续表

<table>
<tr><th>条款号</th><th>条款名称</th><th>编列内容</th></tr>
<tr><td>3.4.1</td><td>投标保证金</td><td>截止时间前投标保证金被扣款成功，否则其投标文件将被否决；选择线下支付缴纳投标保证金时，在投标截止时间前，投标保证金须成功汇至招标代理银行账户上，否则其投标文件将被否决；选择银行保函作为投标保证金时，在投标截止时间前，银行保函原件必须随纸质投标文件一起递交招标代理机构，否则其投标将被否决。
4. 退还信息
《投标保证金退还信息及中标服务费交纳承诺书》原件应单独密封，并在封面注明“投标保证金退还信息”，随投标文件一同递交。
5. 投标保证金收款信息：
开户银行：工商银行____________支行
账号：____________________
行号：______
开户名称：三峡国际招标有限责任公司
汇款用途：BZJ</td></tr>
<tr><td>3.4.3</td><td>投标保证金的退还</td><td>1. 使用在线支付或线下支付投标保证金方式：
未中标投标人的投标保证金，将在中标人和招标人签订书面合同后5日内予以退还，并同时退还投标保证金利息；中标人的投标保证金将在其与招标人签订书面合同并提供履约担保（如招标文件有要求）、由招标代理机构扣除中标服务费用后5日内将余额退还（如不足，需在接到招标代理机构通知后5个工作日内补足差额）。
投标保证金利息按收取保证金之日的中国人民银行同期活期存款利率计息，遇利率调整不分段计息。存款利息计算时，本金以“元”为起息点，利息的金额也算至元位，元位以下四舍五入。按投标保证金存放期间计算利息，存放期间一律算头不算尾，即从开标日起算至退还之日前一天止；全年按360天，每月均按30天计算。
2. 使用银行保函方式：
未中标投标人的银行保函原件，将在中标人和招标人签订书面合同后5日内退还；中标人的保函将在中标人和招标人签订书面合同、提供履约担保（如招标文件有要求）且支付中标服务费后5日内无息退还。</td></tr>
<tr><td rowspan="4">3.5.3</td><td>近年财务状况</td><td>____年至____年</td></tr>
<tr><td>近年完成的类似项目</td><td>____年____月____日至____年____月____日</td></tr>
<tr><td>近年发生的重大诉讼及仲裁情况</td><td>____年____月____日至____年____月____日</td></tr>
<tr><td>…</td><td></td></tr>
<tr><td>3.6</td><td>是否允许递交备选投标方案</td><td>□不允许
□允许</td></tr>
<tr><td>3.7.2</td><td>现场递交投标文件份数</td><td>现场递交纸质投标文件正本1份、副本____份和电子版____份（U盘）。</td></tr>
</table>

续表

条款号	条款名称	编列内容
3.7.3	纸质投标文件签字或盖章要求	按招标文件第八章“投标文件格式”要求，签字或盖章。
3.7.4	纸质投标文件装订要求	纸质投标文件应按以下要求装订：装订应牢固、不易拆散和换页，不得采用活页装订。
3.7.5	现场递交的投标文件电子版（U盘）格式	投标报价应使用 .xlsx 进行编制，其他部分的电子版文件可用 .docx、.xlsx 或 PDF 等格式进行编制
3.7.6	网上提交的电子投标文件中格式	第八章“投标文件格式”中的投标函和授权委托书采用签字盖章后的彩色扫描件；其他部分的电子版文件应采用 .docx、.xlsx 或 PDF 格式进行编制
4.1.2	封套上写明	项目名称： 招标编号： 在____年____月____日____时____分（投标文件截止时间）前不得开启 投标人名称：
4.2	投标文件的递交	本条款补充内容如下： 投标文件分为网上提交和现场递交两部分。 （1）网上提交 应按照中国长江三峡集团有限公司电子采购平台（以下简称“电子采购平台”）的要求将编制好的文件加密后上传至电子采购平台（具体操作方法详见<http：//epp.ctg.com.cn>网站中“使用指南”）。 （2）现场递交 投标人应将纸质投标文件的正本、副本、电子版、投标保证金退还信息和银行保函原件（如有）分别密封递交。纸质版、电子版应包含投标文件的全部内容。
4.2.2	投标文件网上提交	网上提交：中国长江三峡集团有限公司电子采购平台（http：//epp.ctg.com.cn/） （1）电子采购平台提供了投标文件各部分内容的上传通道，其中： “投标保证金支付凭证”应上传投标保证金汇款凭证、“投标保证金退还信息及中标服务费交纳承诺书”以及银行保函（如有）彩色扫描件； “评标因素应答对比表”本项目不适用。 （2）电子采购平台中的“商务文件”（2个通道）、“技术文件”（2个通道）、“投标报价文件”（1个通道）和“其他文件”（1个通道），每个通道最大上传文件容量为100M。商务文件、技术文件超过最大上传容量时，投标人可将资格审查资料、图纸文件从“其他文件”通道进行上传；若容量仍不能满足，则将未上传的部分在投标文件格式文件十中进行说明，并将未上传部分包含在现场提交的电子文件中。
4.2.3	投标文件现场递交地点	现场递交至：
4.2.4	是否退还投标文件	□否 □是

续表

条款号	条款名称	编列内容
4.5.1	是否提交投标样品	□否 □是，具体要求：
5.1	开标时间和地点	开标时间：同投标截止时间 开标地点：同递交投标文件地点
7.2	中标候选人公示	招标人在中国招标投标公共服务平台（http：//www.cebpubservice.com）、中国长江三峡集团有限公司电子采购平台（http：//epp.ctg.com.cn/）网站上公示中标候选人，公示期3个工作日。
7.4.1	履约担保	履约担保的形式：银行保函或保证金 履约担保的金额：签约合同价的____% 开具履约担保的银行：须招标人认可，否则视为投标人未按招标文件规定提交履约担保，投标保证金将不予退还。 （备注：300万元及以上的合同，签订前必须提供履约担保；300万元以下的合同，可按项目实际情况明确是否需要履约担保。）
10	需要补充的其他内容	
10.1	知识产权	构成本招标文件各个组成部分的文件，未经招标人书面同意，投标人不得擅自复印和用于非本招标项目所需的其他目的。招标人全部或者部分使用未中标人投标文件中的技术成果或技术方案时，需征得其书面同意，并不得擅自复印或提供给第三人。
10.2	电子注册	投标人必须登录中国长江三峡集团有限公司电子采购平台（http：//epp.ctg.com.cn）进行免费注册。 未进行注册的投标人，将无法参加投标报名并获取进一步的信息。 本项目投标文件的网上提交部分需要使用电子身份认证（CA）加密后上传至本电子采购平台（标书购买阶段不需使用电子钥匙），本电子采购平台的相关电子身份认证（CA）须在指定网站办理（网址：http：//sanxia.szzsfw.com/），请潜在投标人及时办理，并在投标截止时间至少3日前确认电子钥匙的使用可靠性，因此导致的影响投标或投标文件被拒收的后果，由投标人自行承担。 具体办理方法：一、请登录电子采购平台（http：//epp.ctg.com.cn/）在右侧点击“使用指南”，之后点击“CA电子钥匙办理指南V1.1”，下载PDF文件后查看办理方法；二、请直接登录指定网站（网址：http：//sanxia.szzsfw.com/），点击右上角用户注册，注册用户名及密码，之后点击“立即开始数字证书申请”，按照引导流程完成办理。（温馨提示：电子钥匙办理完成网上流程后需快递资料，办理周期从快递到件计算5个工作日完成。已办理电子钥匙的请核对有效期，必要时及时办理延期!）
10.3	投标人须遵守的国家法律法规和规章，及中国长江三峡集团有限公司相关管理制度和标准	

续表

条款号	条款名称	编列内容
10.3.1	国家法律法规和规章	投标人在投标活动中须遵守包括但不限于以下法律法规和规章： (1)《中华人民共和国合同法》 (2)《中华人民共和国民法通则》 (3)《中华人民共和国招标投标法》 (4)《中华人民共和国招标投标法实施条例》 (5)《工程建设项目货物招标投标办法》（国家计委令第27号） (6)《工程建设项目招标投标活动投诉处理办法》（国家发展改革委等7部门令第11号） (7)《关于废止和修改部分招标投标规章和规范性文件的决定》（国家发展改革委等9部门令第23号）
10.3.2	中国长江三峡集团有限公司相关管理制度	投标人在投标活动中须遵守以下中国长江三峡集团有限公司相关管理制度： (1)《中国长江三峡集团有限公司供应商信用评价管理办法》 (2) 中国长江三峡集团有限公司供应商信用评价结果的有关通知（登录中国长江三峡集团有限公司电子采购平台（http://epp.ctg.com.cn）后点击“通知通告”）
10.3.3	中国长江三峡集团有限公司相关企业标准	三峡企业标准：________ 查阅网址：
10.4	投标人和其他利害关系人认为本次招标活动中涉及个人违反廉洁自律规定的，可通过招标公告中的招标采购监督电话等方式举报	

1 总则

1.1 项目概况

1.1.1 根据《中华人民共和国招标投标法》等有关法律、法规和规章的规定，本招标项目已具备招标条件，现对本项目进行招标。

1.1.2 本招标项目招标人：见投标人须知前附表。

1.1.3 本招标项目招标代理机构：见投标人须知前附表。

1.1.4 本招标项目名称：见投标人须知前附表。

1.1.5 本招标项目概况：见投标人须知前附表。

1.2 资金来源和落实情况

1.2.1 本招标项目的资金来源：见投标人须知前附表。

1.2.2 本招标项目的出资比例：见投标人须知前附表。

1.2.3 本招标项目的资金落实情况：见投标人须知前附表。

1.3 招标范围、交货要求、质量要求

1.3.1 本次招标范围：见投标人须知前附表。

1.3.2 本招标项目的交货要求：见投标人须知前附表。

1.3.3 本招标项目的质量要求：见投标人须知前附表。

1.4　投标人资格要求

1.4.1　投标人应具备承担本招标项目的资质条件、能力和信誉。相关资质要求如下：

1）资质条件：见投标人须知前附表；

2）业绩要求：见投标人须知前附表；

3）信誉要求：见投标人须知前附表；

4）财务要求：见投标人须知前附表；

5）其他要求：见投标人须知前附表。

1.4.2　投标人须知前附表规定接受联合体投标的，除应符合本章第1.4.1项和投标人须知前附表的要求外，还应遵守以下规定：

1）联合体各方应按招标文件提供的格式签订联合体协议书，明确联合体牵头人和各成员方权利义务；

2）由同一专业的单位组成的联合体，按照资质等级较低的单位确定联合体的资质等级；

3）联合体各方不得再以自己名义单独或参加其他联合体在同一标段中投标。

1.4.3　投标人不得存在下列情形之一：

1）为招标人不具有独立法人资格的附属机构（单位）；

2）被责令停业的；

3）被暂停或取消投标资格的；

4）财产被接管或冻结的；

5）在最近三年内有骗取中标或严重违约或投标设备存在重大质量问题的；

6）投标人处于中国长江三峡集团有限公司限制投标的专业范围及期限内。

1.4.4　投标人不能作为其他投标人的分包人同时参加投标；单位负责人为同一人或者存在控股、管理关系的不同单位，不得参加同一标段投标或者未划分标段的同一招标项目投标。

1.4.5　投标人须知前附表规定接受代理商投标的，应符合本章第1.4.1项和投标人须知前附表的要求。

1.5　费用承担

投标人在本次投标过程中所发生的一切费用，不论中标与否，均由投标人自行承担，招标人和招标代理机构在任何情况下均无义务和责任承担这些费用。本项目招标工作由三峡国际招标有限责任公司作为招标代理机构负责组织，中标服务费用由中标人向招标代理机构支付，具体金额按照下表（中标服务费收费标准）计算执行。投标人投标费用中应包含拟支付给招标代理机构的中标服务费，该费用在投标报价表中不单独出项。收费类型见投标人须知前附表。

中标服务费用在合同签订后 5 日内，由招标代理机构直接从中标人的投标保证金中扣付。投标保证金不足支付中标服务费用时，中标人应补足差额。招标代理机构收取中标服务费用后，向中标人开具相应金额的服务费发票。

中标服务费收费标准

中标金额（万元）	工程类招标费率	货物类招标费率	服务类招标费率
100 以下	1.00%	1.50%	1.50%
100～500	0.70%	1.10%	0.80%
500～1000	0.55%	0.80%	0.45%
1000～5000	0.35%	0.50%	0.25%
5000～10000	0.20%	0.25%	0.10%
10000～50000	0.05%	0.05%	0.05%
50000～100000	0.035%	0.035%	0.035%
100000～500000	0.008%	0.008%	0.008%
500000～1000000	0.006%	0.006%	0.006%
1000000 以上	0.004%	0.004%	0.004%

注：中标服务费按差额定率累进法计算。例如：某货物类招标代理业务中标金额为 900 万元，计算中标服务费如下：
100 万元×1.5%=1.5 万元
（500－100）万元×1.1%=4.4 万元
（900－500）万元×0.80%=3.2 万元
合计收费=1.5 万元+4.4 万元+3.2 万元=9.1 万元

1.6 保密

参与招标投标活动的各方应对招标文件和投标文件中的商业和技术等秘密保密，违者应对由此造成的后果承担法律责任。

1.7 语言文字

1.7.1 招标投标文件使用的语言文字为中文。专用术语使用外文的，应附有中文注释。

1.7.2 投标人与招标人之间就投标交换的所有文件和来往函件，均应用中文书写。

1.7.3 如果投标人提供的任何印刷文献和证明文件使用其他语言文字，则应将有关段落译成中文一并附上，如有差异，以中文为准。投标人应对译文的正确性负责。

1.8 计量单位

所有计量均采用中华人民共和国法定计量单位。

1.9 踏勘现场

1.9.1 投标人须知前附表规定组织踏勘现场的，招标人按投标人须知前附表规定的时间、地点组织投标人踏勘项目现场。

1.9.2 投标人踏勘现场发生的费用自理。

1.9.3　除招标人的原因外，投标人自行负责在踏勘现场中所发生的人员伤亡和财产损失。

1.9.4　招标人在踏勘现场中介绍的工程场地和相关的周边环境情况，供投标人在编制投标文件时参考，招标人不对投标人据此作出的判断和决策负责。

1.10　投标预备会

1.10.1　投标人须知前附表规定召开投标预备会的，招标人按投标人须知前附表规定的时间和地点召开投标预备会，澄清投标人提出的问题。

1.10.2　投标人应在投标人须知前附表规定的时间前，在电子采购平台上以电子文件的形式将提出的问题送达招标人，以便招标人在会议期间澄清。

1.10.3　投标预备会后，招标人在投标人须知前附表规定的时间内，将对投标人所提问题的澄清，在电子采购平台上以电子文件的形式通知所有购买招标文件的投标人。该澄清内容为招标文件的组成部分。

1.10.4　招标人在会议期间澄清仅供投标人在编制投标文件时参考，招标人不对投标人据此作出的判断和决策负责。

1.11　外购与分包制造

1.11.1　投标人选择的原材料供应商、部件制造的分包商应具有相应的制造经验，具有提供本招标项目所需质量、进度要求的合格产品的能力。

1.11.2　投标人需按照投标文件格式的要求，提供有关原材料供应商和部件分包商的完整的资质文件。

1.11.3　投标人应提交与其选定的分包商草签的分包意向书。分包意向书中应明确拟分包项目内容、报价、制造厂名称等主要内容。

1.12　提交偏差表

1.12.1　投标人应对招标文件的要求做出实质性的响应。如有偏差应逐条提出，并按投标文件的格式要求提出商务、技术偏差。

1.12.2　投标人对招标文件前附表中规定的内容提出负偏差将被认为是对招标文件的非实质性响应，其投标文件将被否决。

1.12.3　按投标文件格式提出偏差仅仅是为了招标人评标方便。但未在其投标文件中提出偏差的条款或部分，应视为投标人完全接受招标文件的规定。

2　招标文件

2.1　招标文件的组成

2.1.1　本招标文件包括：

第一章　招标公告/投标邀请书；

第二章　投标人须知；

第三章　评标办法；

第四章　合同条款及格式；

第五章　采购清单；

第六章　图纸；

第七章　技术标准和要求；

第八章　投标文件格式。

2.1.2　根据本章第 1.10 款、第 2.2 款和第 2.3 款对招标文件所作的澄清、修改，构成招标文件的组成部分。

2.2　招标文件的澄清

2.2.1　投标人应仔细阅读和检查招标文件的全部内容。如发现缺页或附件不全，应及时向招标人提出，以便补齐。如有疑问，应在投标人须知前附表规定的时间前在电子采购平台上以电子文件形式，要求招标人对招标文件予以澄清。

2.2.2　招标文件的澄清将在投标人须知前附表规定的投标截止时间 15 天前在电子采购平台上以电子文件形式发给所有购买招标文件的投标人，但不指明澄清问题的来源。如果澄清发出的时间距投标截止时间不足 15 天，并且澄清内容影响投标文件编制的，招标人相应延长投标截止时间。

2.2.3　投标人在收到澄清后，应在投标人须知前附表规定的时间内以书面形式通知招标人，确认已收到该澄清。未及时确认的，将根据电子采购平台下载记录默认潜在投标人已收到该澄清文件。

2.3　招标文件的修改

2.3.1　在投标截止时间 15 天前，招标人在电子采购平台上以电子文件形式修改招标文件，并通知所有已购买招标文件的投标人。如果修改招标文件的时间距投标截止时间不足 15 天，并且修改内容影响投标文件编制的，招标人相应延长投标截止时间。

2.3.2　投标人收到修改内容后，应在投标人须知前附表规定的时间内以书面形式通知招标人，确认已收到该修改。未及时确认的，将根据电子采购平台下载记录默认潜在投标人已收到该修改文件。

3　投标文件

3.1　投标文件的组成

3.1.1　投标文件应包括下列内容：

1）投标函；

2）授权委托书、法定代表人身份证明；

3）联合体协议书（如果有）；

4）投标保证金；

5）投标报价表；

6）技术方案；

7）偏差表；

8）拟分包项目情况表；

9）资格审查资料；

10）构成投标文件的其他材料。

3.1.2 投标人须知前附表规定不接受联合体投标的，或投标人没有组成联合体的，投标文件不包括本章第 3.1.1 3）目所指的联合体协议书。

3.2 投标报价

3.2.1 投标人应按第五章“采购清单”的要求填写相应表格。

3.2.2 投标人在投标截止时间前修改投标函中的投标总报价，应同时修改第五章“采购清单”中的相应报价，投标报价总额为各分项金额之和。此修改须符合本章第 4.3 款的有关要求。

3.2.3 投标人应在投标文件中的投标报价上标明本合同拟提供的合同设备及服务的单价和总价。每种投标设备只允许有一个报价，采用可选择报价提交的投标将被视为非响应性投标而予以否决。

3.2.4 报价中必须包括设计、制造和装配投标设备所使用的材料、部件，试验、运输、保险、技术文件和技术服务费等及合同设备本身已支付或将支付的相关税费。

3.2.5 对于投标人为实现投标设备的性能和为保证投标设备的完整性和成套性所必需却没有单独列项和投标的费用，以及为完成本合同责任与义务所需的所有费用等，均应视为已包含在投标设备的报价中。

3.2.6 投标报价应为固定价格，投标人在投标时应已充分考虑了合同执行期间的所有风险，按可调整价格报价的投标文件将被否决。

3.3 投标有效期

3.3.1 在投标人须知前附表规定的投标有效期内，投标人不得要求撤销或修改其投标文件。

3.3.2 出现特殊情况需要延长投标有效期的，招标人在电子采购平台上以电子文件形式通知所有投标人延长投标有效期。投标人同意延长的，应相应延长其投标保证金的有效期，但不得要求或被允许修改或撤销其投标文件；投标人拒绝延长的，其投标失效，但投标人有权收回其投标保证金。

3.4 投标保证金

3.4.1 投标人在递交投标文件的同时，应按投标人须知前附表规定的金额、担保形式和第八章“投标文件格式”规定的投标保证金格式递交投标保证金，并作为其投标文件的组成部分。联合体投标的，其投标保证金由牵头人递交，并应符合投标人须知前附表的规定。

3.4.2 投标人不按本章第 3.4.1 项要求提交投标保证金的，其投标将被否决。

3.4.3 招标代理机构按投标人须知前附表的规定退还投标保证金。

3.4.4 有下列情形之一的，投标保证金将不予退还：

1）投标人在规定的投标有效期内撤销或修改其投标文件；

2）中标人在收到中标通知书后，无正当理由拒签合同协议书或未按招标文件规定提交履约担保。

3.5 资格审查资料

3.5.1 证明投标人合格和资格的文件：

1）投标人应提交证明其有资格参加投标，且中标后有能力履行合同的文件，并作为其投标文件的一部分。

2）投标人提交的投标合格性的证明文件应使招标人满意。

3）投标人提交的中标后履行合同的资格证明文件应使招标人满意，包括但不限于，投标人已具备履行合同所需的财务、技术、设计、开发和生产能力。

3.5.2 证明投标设备的合格性和符合招标文件规定的文件：

1）投标人应提交根据合同要求提供的所有合同货物及其服务的合格性以及符合招标文件规定的证明文件，并作为其投标文件的一部分。

2）合同货物和服务的合格性的证明文件应包括投标表中对合同货物和服务来源地的声明。

3）证明投标设备和服务与招标文件的要求相一致的文件可以是文字资料、图纸和数据，投标人应提供：

（1）投标设备主要技术指标和产品性能的详细说明；

（2）逐条对招标人要求的技术规格进行评议，指出自己提供的投标设备和服务是否已做出实质性响应。同时应注意：投标人在投标中可以选用替代标准、牌号或分类号，但这些替代要实质上优于或相当于技术规格的要求。

3.5.3 投标人为了具有被授予合同的资格，应提供投标文件格式要求的资料，用以证明投标人的合法地位和具有足够的能力及充分的财务能力来有效地履行合同。为此，投标人应按投标人须知前附表中规定的时间区间提交相关资格审查资料，供评标委员会审查。

3.6　备选投标方案

除投标人须知前附表另有规定外，投标人不得递交备选投标方案。允许投标人递交备选投标方案的，只有中标人所递交的备选投标方案方可予以考虑。评标委员会认为中标人的备选投标方案优于其按照招标文件要求编制的投标方案的，招标人可以接受该备选投标方案。

3.7　投标文件的编制

3.7.1　投标文件应按第八章“投标文件格式”进行编写，如有必要，可以增加附页，作为投标文件的组成部分。其中，投标函在满足招标文件实质性要求的基础上，可以提出比招标文件要求更有利于招标人的承诺。

3.7.2　投标文件包括网上提交的电子文件、纸质文件和现场递交的投标文件电子版（U 盘），具体数量要求见投标人须知前附表。

3.7.3　纸质投标文件应用不褪色的材料书写或打印，并由投标人的法定代表人或其委托代理人签字或盖单位章。委托代理人签字的，投标文件应附法定代表人签署的授权委托书。投标文件应尽量避免涂改、行间插字或删除。如果出现上述情况，改动之处应加盖单位章或由投标人的法定代表人或其授权的代理人签字确认。所有投标文件均需使用阿拉伯数字从前至后逐页编码。签字或盖章的具体要求见投标人须知前附表。

3.7.4　现场递交的纸质投标文件的正本与副本应分别装订成册，具体装订要求见投标人须知前附表规定。

3.7.5　现场递交的投标文件电子版（U 盘）应为未加密的电子文件，并应按照投标人须知前附表规定的格式进行编制。

3.7.6　网上提交的电子投标文件应按照投标人须知前附表规定格式进行编制。

4　投标

4.1　投标文件的密封和标记

4.1.1　投标文件现场递交部分应进行密封包装，并在封套的封口处加盖投标人单位章；网上提交的电子投标文件应加密后递交。

4.1.2　投标文件现场递交部分的封套上应写明的内容见投标人须知前附表。

4.1.3　未按本章第 4.1.1 项或第 4.1.2 项要求密封和加写标记的投标文件，招标人不予受理。

4.2　投标文件的递交

4.2.1　投标人应在投标人须知前附表规定的投标截止时间前分别在网上提交和现场递交投标文件。

4.2.2　投标文件网上提交：投标人应按照前附表要求将编制好的投标文件加密后上传

至电子采购平台（具体操作方法详见＜http：//epp.ctg.com.cn＞网站中“使用指南”）。

4.2.3 投标人现场递交投标文件（包括纸质版和电子版）的地点：见投标人须知前附表。

4.2.4 除投标人须知前附表另有规定外，投标人所递交的投标文件不予退还。

4.2.5 在投标截止时间前，现场递交的投标文件未送达到指定地点或者网上提交的投标文件未成功上传至电子采购平台，招标人不予受理。

4.3 投标文件的修改与撤回

4.3.1 在本章第 2.2.2 项规定的投标截止时间前，投标人可以修改或撤回已递交的投标文件，但应以书面形式通知招标人。

4.3.2 投标人如要修改投标文件，必须在修改后再重新上传电子文件；现场递交的投标文件相应修改。投标人修改或撤回已递交投标文件的书面通知应按照本章第 3.7.3 项的要求签字或盖章。招标人收到书面通知后，向投标人出具签收凭证。

4.3.3 修改的内容为投标文件的组成部分。修改的投标文件应按照本章第 3 条、第 4 条规定进行编制、密封、标记和递交，并标明“修改”字样。

4.3.4 投标人撤回投标文件的，招标人自收到投标人书面撤回通知之日起 5 日内退还已收取的投标保证金。

4.4 投标文件的有效性

4.4.1 当网上提交和现场递交的投标文件内容不一致时，以网上提交的投标文件为准。

4.4.2 当现场递交的投标文件文件电子版与投标文件纸质版正本内容不一致时，以投标文件纸质版正本为准。

4.4.3 当电子采购平台上传的投标文件全部或部分解密失败或发生第 5.3 项紧急情形时，经监督人或公证人确认后，以投标文件纸质版正本为准。

4.5 投标样品

4.5.1 除投标人须知前附表另有规定外，投标人应提交能反映货物材质或关键部分的样品，同时应提交《样品清单》。

4.5.2 为方便评标，投标人在提供样品时，应使用透明的外包装或尽量少用外包装，但必须在所提供的样品表面显著位置标注投标人的名称、包号、样品名称、招标文件规定的货物编号。

4.5.3 样品作为投标文件的一部分，除非另有说明，中标单位的样品不再退还，未中标单位须在中标公告发布后五个工作日内，前往招标机构领取投标样品，逾期不领，招标机构将不承担样品的保管责任，由此引发的样品丢失、毁损，招标机构不予负责。

5　开标

5.1　开标时间和地点

招标人在本章第 2.2.2 项规定的投标截止时间（开标时间）和投标人须知前附表规定的地点公开开标，并邀请所有投标人的法定代表人或其委托代理人准时参加。

5.2　开标程序（适用于电子开标）

招标人在规定的时间内，通过电子采购平台开评标系统，按下列程序进行开标：

1）宣布开标程序及纪律；

2）公布在投标截止时间前递交投标文件的投标人名称，并点名确认投标人是否派人到场；

3）宣布开标人、记录人、监督或公证等人员姓名；

4）监督或公证人检查投标文件的递交及密封情况；

5）根据检查情况，对未按招标文件要求递交投标文件的投标人，或已递交了一封可接受的撤回通知函的投标人，将在电子采购平台中进行不开标设置；

6）设有标底的，公布标底；

7）宣布进行电子开标，显示投标总价解密情况，如发生投标总价解密失败，将对解密失败的按投标文件纸质版正本进行补录；

8）显示开标记录表；（如果投标人电子开标总报价明显存在单位错误或数量级差别，在投标人当场提出异议后，按其纸质投标文件正本进行开标，评标时评标委员会根据其网上提交的电子投标文件进行总报价复核。）

9）公证人员宣读公证词（如有）；

10）宣布评标期间注意事项；

11）投标人代表等有关人员在开标记录上签字确认（有公证时，不适用）；

12）开标结束。

5.3　开标程序（适用于纸质投标文件开标）

主持人按下列程序进行开标：

1）宣布开标纪律；

2）公布在投标截止时间前递交投标文件的投标人名称，并点名确认投标人是否派人到场；

3）宣布开标人、唱标人、记录人、监督或公证等有关人员姓名；

4）监督或公证人检查投标文件的递交及密封情况；

5）确定并宣布投标文件开标顺序；

6）设有标底的，公布标底；

7）按照宣布的开标顺序当众开标，公布投标人名称、项目及标段名称、投标报价及其他内容，并记录在案；

8）公证人员宣读公证词（如有）；

9）宣布评标期间注意事项；

10）投标人代表等有关人员在开标记录上签字确认（有公证时，不适用）；

11）开标结束。

5.4 电子招投标的应急措施

5.4.1 开标前出现以下情况，导致投标人不能完成网上提交电子投标文件的紧急情形，招标代理机构在开标截止时间前收到电子钥匙办理单位书面证明材料时，采用纸质投标文件正本进行报价补录。

1）电子钥匙非人为故意损坏；

2）因电子钥匙办理单位原因导致电子钥匙办理来不及补办。

5.4.2 当电子采购平台出现下列紧急情形时，采用纸质投标文件正本进行开标：

1）系统服务器发生故障，无法访问或无法使用系统；

2）系统的软件或数据库出现错误，不能进行正常操作；

3）系统发现有安全漏洞，有潜在的泄密危险；

4）病毒发作或受到外来病毒的攻击；

5）投标文件解密失败；

6）其他无法进行正常电子开标的情形。

5.5 开标异议

如投标人对开标过程有异议的，应在开标会议现场当场提出，招标人现场进行答复，由开标工作人员进行记录。

5.6 开标监督与结果

5.6.1 开标过程中，各投标人应在开标现场见证开标过程和开标内容，开标结束后，将在电子采购平台上公布开标记录表，投标人可在开标当日登录电子采购平台查看相关开标结果。

5.6.2 无公证情况时，不参加现场开标仪式或开标结束后拒绝在开标记录表上签字确认的投标人，视为默认开标结果。

5.6.3 未在开标时开封和宣读的投标文件，不论情况如何均不能进入进一步的评审。

6 评标

6.1 评标委员会

6.1.1 评标由招标人依法组建的评标委员会负责。评标委员会由招标人或其委托的招标代理机构熟悉相关业务的代表，以及有关技术、经济等方面的专家组成。

6.1.2 评标委员会成员有下列情形之一的，应当回避：

1）投标人或投标人的主要负责人的近亲属；

2）项目行政主管部门或者行政监督部门的人员；

3）与投标人有经济利益关系，可能影响对投标公正评审的；

4）曾因在招标、评标以及其他与招标投标有关活动中从事违法行为而受过行政处罚或刑事处罚的；

5）与投标人有其他利害关系。

6.2 评标原则

评标活动遵循公平、公正、科学和择优的原则。

6.3 评标

评标委员会按照第三章“评标办法”规定的方法、评审因素、标准和程序对投标文件进行评审。第三章“评标办法”没有规定的方法、评审因素和标准，不作为评标依据。

7 合同授予

7.1 定标方式

招标人依据评标委员会推荐的中标候选人确定中标人。

7.2 中标候选人公示

招标人在投标人须知前附表规定的媒介公示中标候选人。

7.3 中标通知

在本章第3.3款规定的投标有效期内，招标人以书面形式向中标人发出中标通知书，同时将中标结果通知未中标的投标人。

7.4 履约担保

7.4.1 中标人应按投标人须知前附表规定的金额、担保形式和招标文件第四章“合同条款及格式”规定的履约担保格式及时间要求向招标人提交履约担保。联合体中标的，其履约担保由牵头人递交，并应符合投标人须知前附表规定的金额、担保形式和招标文件第四章“合同条款及格式”规定的履约担保格式要求。

7.4.2 中标人不能按本章第7.4.1项要求提交履约担保的，视为放弃中标，其投标保证金不予退还，给招标人造成的损失超过投标保证金数额的，中标人还应当对超过部分予以赔偿。

7.5 签订合同

7.5.1 招标人和中标人应当自中标通知书发出之日起30天内，根据招标文件和中标人的投标文件订立书面合同。中标人无正当理由拒签合同的，招标人取消其中标资格，其投标保证金不予退还；给招标人造成的损失超过投标保证金数额的，中标人还应当对超过部分予以赔偿。

7.5.2 发出中标通知书后，招标人无正当理由拒签合同的，招标人向中标人退还投标保证金；给中标人造成损失的，还应当赔偿损失。

8 重新招标和不再招标

8.1 重新招标

有下列情形之一的依法必须招标的项目，招标人将重新招标：

1）投标截止时间止，投标人少于3名的；

2）经评标委员会评审后否决所有投标的；

3）国家相关法律法规规定的其他重新招标情形。

8.2 不再招标

重新招标后投标人仍少于3名或者所有投标被否决的，不再进行招标。

9 纪律和监督

9.1 对招标人的纪律要求

招标人不得泄露招标投标活动中应当保密的情况和资料，不得与投标人串通损害国家利益、社会公共利益或者他人合法权益。

9.2 对投标人的纪律要求

9.2.1 投标人不得相互串通投标或者与招标人串通投标，不得向招标人或者评标委员会成员行贿谋取中标，不得以他人名义投标或者以其他方式弄虚作假骗取中标；投标人不得以任何方式干扰、影响评标工作，或以不正当手段获取招标人评标的有关信息，一经查实，招标人将否决其投标。

9.2.2 如果投标人存在失信行为，招标人除报告国家有关部门由其进行处罚外，招标人还将根据《中国长江三峡集团有限公司供应商信用评价管理办法》中的相关规定对其进行处理。

9.3 对评标委员会成员的纪律要求

评标委员会成员不得收受他人的财物或者其他好处，不得向他人透漏对投标文件的评审和比较、中标候选人的推荐情况以及评标有关的其他情况。在评标活动中，评标委员会成员不得擅离职守，影响评标程序正常进行，不得使用第三章“评标办法”没有规定的评审因素和标准进行评标。

9.4　对与评标活动有关的工作人员的纪律要求

与评标活动有关的工作人员不得收受他人的财物或者其他好处，不得向他人透漏对投标文件的评审和比较、中标候选人的推荐情况以及评标有关的其他情况。在评标活动中，与评标活动有关的工作人员不得擅离职守，影响评标程序正常进行。

9.5　异议处理

9.5.1　异议必须由投标人或者其他利害关系人以实名提出，在下述异议提出有效期间内以书面形式按照招标文件规定的联系方式提交给招标人。为保证正常的招标秩序，异议人须按本章第 9.5.2 项要求的内容提交异议。

1）对资格预审文件有异议的，应在提交资格预审申请文件截止时间 2 日前提出；对招标文件及其修改和补充文件有异议的，应在投标截止时间 10 日前提出；

2）对开标有异议的，应在开标现场提出；

3）对中标结果有异议的，应在中标候选人公示期间提出。

9.5.2　异议书应当以书面形式提交（如为传真或者电邮，需将异议书原件同时以特快专递或者派人送达招标人），异议书应当至少包括下列内容：

1）异议人的名称、地址及有效联系方式；

2）异议事项的基本事实（异议事项必须具体）；

3）相关请求及主张（主张必须明确，诉求清楚）；

4）有效线索和相关证明材料（线索必须有效且能够查证，证明材料必须真实有效，且能够支持异议人的主张或者诉求）。

9.5.3　异议人是投标人的，异议书应由其法定代表人或授权代理人签订并盖章。异议人若是其他利害关系人，属于法人的，异议书必须由其法定代表人或授权代理人签字并盖章；属于其他组织或个人的，异议书必须由其主要负责人或异议人本人签字，并附有效身份证明复印件。

9.5.4　招标人只对投标人或者其他利害关系人提交了合格异议书的异议事项进行处理，并于收到异议书 3 日内做出答复。异议书不是投标人或者其他利害关系人的提出的，异议书内容或者形式不符合第 9.5.2 项要求的，招标人可不受理。

9.5.5　招标人对异议事项做出处理后，异议人若无新的证据或者线索，不得就所提异议事项再提出异议。除开标外，异议人自收到异议答复之日起 3 日内应进行确认并反馈意见，若超过此时限，则视同异议人同意答复意见，招标及采购活动可继续进行。

9.5.6　经招标人查实，若异议人以提出异议为名进行虚假、恶意异议的，阻碍或者干扰了招标投标活动的正常进行，招标人将对异议人作出如下处理：

1）如果异议人为投标人，将异议人的行为作为不良信誉记录在案。如果情节严重，给招标人带来重大损失的，招标人有权追究其法律责任，并要求其赔偿相应的损失，自异议处理结束之日起 3 年内禁止其参加招标人组织的招标活动。

2）对其他利害关系人招标人将保留追究其法律责任的权利，并记录在案。

9.6 投诉

投标人和其他利害关系人认为本次招标活动违反法律、法规和规章规定的，有权向有关行政监督部门投诉。

10 需要补充的其他内容

需要补充的其他内容：见投标人须知前附表。

附件一：开标记录表

____________________（项目名称）

开标一览表

招标编号：　　　　　　　　　　　标段名称：
开标时间：　　　　　　　　　　　开标地点：

序号	投标人名称	投标报价（元）	备　注
1			
2			
3			
4			
5			
6			
7			
8			
9			
……			

备注：
记录人：　　　　　　　　　　监督人：　　　　　　　　　　公证人：

附件二：问题澄清通知

________________项目问题澄清通知

编号：______

________________（投标人名称）：

现将本项目评标委员会在审查贵单位投标文件后所提出的澄清问题以传真（邮件）的形式发给贵方，请贵方在收到该问题清单后逐一作出相应的书面答复，澄清答复文件的签署要求与投标文件相同，并请于________年______月______日______时前将澄清答复文件传真至三峡国际招标有限责任公司。此外该澄清答复文件电子版还应以电子邮件的形式传给我方，邮箱地址：__________@ctgpc.com.cn。未按时送交澄清答复文件的投标人将不能进入下一步评审。

附：澄清问题清单

1.

2.

……

____________招标评标委员会

________年____月____日

附件三：问题的澄清

________________（项目名称）问题的澄清

编号：________

________________（项目名称）招标评标委员会：

问题澄清通知（编号：______________）已收悉，现澄清如下：

1.

2.

……

投标人：______________________（盖单位章）

法定代表人或其委托代理人：________________（签字）

________年____月____日

附件四：中标候选人公示和中标结果公示

（项目及标段名称）中标候选人公示
（招标编号：）

<table>
<tr><td colspan="2">招标人</td><td></td><td>招标代理机构</td><td>三峡国际招标有限责任公司</td></tr>
<tr><td colspan="2">公示开始时间</td><td></td><td>公示结束时间</td><td></td></tr>
<tr><td colspan="2">内容</td><td>第一中标候选人</td><td>第二中标候选人</td><td>第三中标候选人</td></tr>
<tr><td colspan="2">1. 中标候选人名称</td><td></td><td></td><td></td></tr>
<tr><td colspan="2">2. 投标报价</td><td></td><td></td><td></td></tr>
<tr><td colspan="2">3. 质量</td><td></td><td></td><td></td></tr>
<tr><td colspan="2">4. 工期（交货期）</td><td></td><td></td><td></td></tr>
<tr><td colspan="2">5. 评标情况</td><td></td><td></td><td></td></tr>
<tr><td colspan="2">6. 资格能力条件</td><td></td><td></td><td></td></tr>
<tr><td rowspan="3">7. 项目负责人情况</td><td>姓名</td><td></td><td></td><td></td></tr>
<tr><td>证书名称</td><td></td><td></td><td></td></tr>
<tr><td>证书编号</td><td></td><td></td><td></td></tr>
<tr><td colspan="2" rowspan="3">8. 提出异议的渠道和方式（投标人或其他利害关系人如对中标候选人有异议，请在中标候选人公示期间以书面形式实名提出，并应由异议人的法定代表人或其授权代理人签字并盖章。对于无异议人名称和地址及有效联系方式、无具体异议事项、主张不明确、诉求不清楚、无有效线索和相关证明材料的异议将不予受理）。</td><td>电话</td><td></td><td></td></tr>
<tr><td>传真</td><td></td><td></td></tr>
<tr><td>Email</td><td></td><td></td></tr>
</table>

（项目及标段名称）中标结果公示

（招标人名称）根据本项目评标委员会的评定和推荐，并经过中标候选人公示，确定本项目中标人如下：

招标编号	项目名称	标段名称	中标人名称

招标人：

招标代理机构：三峡国际招标有限责任公司

日期：

附件五：中标通知书

中标通知书

______________________（中标人名称）：

在____________________（招标编号：____________）招标中，根据《中华人民共和国招标投标法》等相关法律法规和此次招标文件的规定，经评定，贵公司中标。请在接到本通知后的____日内与__________________联系合同签订事宜。

请在收到本传真后立即向我公司回函确认。谢谢！

合同谈判联系人：

联系电话：

三峡国际招标有限责任公司

________年____月____日

附件六：确认通知

确认通知

______________________（招标人名称）：

我方已接到你方____年____月____日发出的____________________（项目名称）招标关于____________________的通知，我方已于____年____月____日收到。

特此确认。

投标人：____________________（盖单位章）

________年____月____日

第三章　评标办法（综合评估法）

评标办法前附表

<table>
<tr><th colspan="2">条款号</th><th>评审因素</th><th>评审标准</th></tr>
<tr><td rowspan="6">2.1.1</td><td rowspan="6">形式评审标准</td><td>投标人名称</td><td>与营业执照、资质证书一致</td></tr>
<tr><td>投标函签字盖章</td><td>有法定代表人或其委托代理人签字或加盖单位章</td></tr>
<tr><td>投标文件格式</td><td>符合第八章“投标文件格式”的要求</td></tr>
<tr><td>联合体投标人（如有）</td><td>提交联合体协议书，并明确联合体牵头人</td></tr>
<tr><td>报价唯一</td><td>只能有一个有效报价</td></tr>
<tr><td>……</td><td>……</td></tr>
<tr><td rowspan="8">2.1.2</td><td rowspan="8">资格评审标准</td><td>营业执照</td><td>具备有效的营业执照</td></tr>
<tr><td>资质等级</td><td>符合第二章“投标人须知”第 1.4.1 项规定</td></tr>
<tr><td>项目设总（经理）</td><td>符合第二章“投标人须知”第 1.4.1 项规定</td></tr>
<tr><td>财务要求</td><td>符合第二章“投标人须知”第 1.4.1 项规定</td></tr>
<tr><td>业绩要求</td><td>符合第二章“投标人须知”第 1.4.1 项规定</td></tr>
<tr><td>信誉要求</td><td>符合第二章“投标人须知”第 1.4.1 项规定</td></tr>
<tr><td>其他要求</td><td>符合第二章“投标人须知”第 1.4.1 项规定</td></tr>
<tr><td>……</td><td>……</td></tr>
<tr><td rowspan="9">2.1.3</td><td rowspan="9">响应性评审标准</td><td>投标报价</td><td>符合第二章“投标人须知”第 3.2.3 项规定</td></tr>
<tr><td>投标内容</td><td>符合第二章“投标人须知”第 1.3.1 项规定</td></tr>
<tr><td>项目工期</td><td>符合第二章“投标人须知”第 1.3.2 项规定</td></tr>
<tr><td>投标有效期</td><td>符合第二章“投标人须知”第 3.3.1 项规定</td></tr>
<tr><td>投标保证金</td><td>符合第二章“投标人须知”第 3.4.1 项规定</td></tr>
<tr><td>权利义务</td><td>符合第四章“合同条款及格式”规定</td></tr>
<tr><td>投标报价表</td><td>符合第五章“报价清单”给出的范围及数量</td></tr>
<tr><td>技术标准和要求</td><td>符合第七章“技术规范及技术条款”规定</td></tr>
<tr><td>……</td><td>……</td></tr>
<tr><th colspan="2">条款号</th><th>条款内容</th><th>编列内容</th></tr>
<tr><td colspan="2">2.2.1</td><td>评分权重构成
（100%）</td><td>商务部分：20 %
技术部分：50 %
投标报价：30 %</td></tr>
</table>

续表

条款号	条款内容	编列内容
2.2.2	评标价基准值计算方法	以所有进入详细评审的投标人评标价算术平均值×0.97[①]作为本次评审的评标价基准值B。并应满足计算规则： (1) 当进入详细评审的投标人超过5家时去掉一个最高价和一个最低价； (2) 当同一企业集团多家所属企业（单位）参与本项目投标时，取其中最低评标价参与评标价基准值计算，无论该价格是否在步骤（1）中被筛选掉； (3) 依据（1）、(2) 规则计算B值后，如参与计算的投标人不少于3名，去掉评标价高于B值×130%（含）的评标价，重新计算B值。（备注：本条根据具体情况，在编制招标文件时选择是否使用） 评标价为经修正后的投标报价。
2.2.3	偏差率计算公式	偏差率Di=100%×（投标人评标价－评标价基准值）/评标价基准值

条款号		评分因素	评分标准	权重
2.2.4　1)	商务部分评分标准（20%）	投标文件的符合性	检查投标文件在内容与项目上的完整性，针对投标人提出的非实质性商务偏差，评价其是否合理，是否会损害招标人的利益和未来的合同执行。	5%
		信用评价	根据中国长江三峡集团有限公司最新发布的年度供应商信用评价结果进行统一评分，A、B、C三个等级信用得分分别为100、85、70分。如投标人初次进入中国长江三峡集团有限公司投标或报价，由评标委员会根据其以往业绩及在其他单位的合同履约情况合理确定本次评审信用等级。	5%
		财务状况	评价投标人财务状况。	2%
		工作及交货进度	根据投标人提交的交货进度表审查投标人对交货进度的响应情况；核查投标人是否提交符合招标文件要求的工作进度计划，评价工作进度计划是否合理、可行；现有合同项目对本项目的制造进度的影响。	3%
		报价的合理性	对主要报价进行合理性评审。	5%
2.2.4　2)	技术部分评分标准（50%）	总体设计方案	投标人对本项目的背景、需求和业务理解分析情况，设计方案是否满足招标人技术条款需求，方案设计是否先进、合理。	5%
		系统设计	① 系统设计采用的技术路线和系统架构是否先进、合理、实用； ② 系统开发是否采用先进的平台和软件，是否有成熟的二次开发工具； ③ 系统功能设计是否完整、合理，业务逻辑和流程是否正确、合理；系统界面和操作体验设计是否良好；	20%

① 评标价基准值计算系数原则上不做调整。若招标人根据项目规模、难度以及市场竞争性等情况需要调整该系数，请在0.92～0.97之间进行选择，并记录在案。

续表

条款号		评分因素	评分标准	权重
2.2.4 2)	技术部分评分标准（50%）	系统设计	④ 系统并发数和各项性能指标是否满足要求； ⑤ 系统在稳定性、安全性、兼容性、扩展性、集成能力等方面的设计是否合理和满足要求。 评分结果分为A～D四个档次	20%
		系统实施方案	① 系统实施方案设计是否完整、合理，内容涵盖是否全面； ② 系统实施是否采用了合理的项目管理工具、方法，是否制定了合理、可行的制度和措施；文档范本等保障措施； ③ 系统测试、部署方案是否完整、可行，是否充分考虑了招标人现有的资源条件； ④ 系统在基础数据和历史数据的实施方案是否全面、可行； ⑤ 系统实施包含的文档是否完整，是否具有适用的范本格式。 评分结果分为A～D四个档次	10%
		项目进度设计	编制的项目工期是否满足招标人的要求，进度安排是否合理、可行，是否制定了关键节点和里程碑，各阶段工作量的规划是否合理，各项保障措施与进度安排是否合理结合。评分结果分为A～D四个档次	3%
		项目团队	评价投标人能真实投入本项目的人力资源情况，项目负责人、主要开发人员、实施人员具备的技术资质、职称、项目经验是否能满足本项目要求，项目实施组织是否科学合理，进驻现场人员的数量和时间是否合理并满足本项目要求。评分结果分为A～D四个档次	10%
		技术支持与服务	投标人是否有详细培训方案和技术支持方案。培训方案是否充分考虑系统应用、维护和二次开发的知识转移的要求。培训对象、时间、内容是否完整、合理，培训材料、培训老师的资历配备满足本项目的要求；技术支持方案是否详细、合理、可行，是否具有较好的技术支持措施手段，是否具备系统后续维护升级方案，售后服务保障体系是否满足招标人的要求。评分结果分为A～D四个档次	2%
2.2.4 3)	投标报价评分标准（30%）	价格得分	当 $0<Di\leqslant3\%$ 时，每高1%扣2分； 当 $3\%<Di\leqslant6\%$ 时，每高1%扣4分； 当 $6\%<Di$，每高1%扣6分； 当 $-3\%<Di\leqslant0$ 时，不扣分； 当 $-6\%<Di\leqslant-3\%$ 时，每低1%扣1分； 当 $-9\%<Di\leqslant-6\%$ 时，每低1%扣2分； 当 $Di\leqslant-9\%$ 时，每低1%扣3分； 满分为100分，最低得60分。 上述计分按分段累进计算，当入围投标人评标价与评标价基准值B比例值处于分段计算区间内时，分段计算按内插法等比例计扣分。	30%

续表

条款号	条款内容	编列内容
3.1.1	初步评审 短名单的确定	按照投标人的报价由低到高排序，当投标人少于 10 名时，选取排序前 5 名进入短名单；当投标人为 10 名及以上时，选取排序前 6 名进入短名单。若进入短名单的投标人未能通过初步评审，或进入短名单投标人有算术错误，经修正后的报价高于其他未进入短名单的投标人报价，则依序递补。如果数量不足 5 名时，按照实际数量选取。
3.2.1	详细评审短名单确定	通过初步评审的投标人全部进入详细评审。
3.2.2	投标报价的处理规则	不适用

1　评标方法

本次评标采用综合评估法。评标委员会对满足招标文件实质性要求的投标文件，按照本章第 2.2 款规定的评分标准进行打分，并按综合得分由高到低顺序推荐不超过____名中标候选人，或根据招标人授权直接确定中标人，但投标报价低于其成本的除外。综合评分相等时，投标报价低的优先；投标报价也相等的，技术得分高的优先；当技术得分也相等的，由招标人自行确定。

2　评审标准

2.1　初步评审标准

2.1.1　形式评审标准：见评标办法前附表。

2.1.2　资格评审标准：见评标办法前附表。

2.1.3　响应性评审标准：见评标办法前附表。

2.2　分值构成与评分标准

2.2.1　分值构成

1）商务部分：见评标办法前附表；

2）技术部分：见评标办法前附表；

3）报价部分：见评标办法前附表。

2.2.2　评标价基准值计算

评标价基准值计算方法：见评标办法前附表。

2.2.3　偏差率计算

偏差率计算公式：见评标办法前附表。

2.2.4　评分标准

1）商务部分评分标准：见评标办法前附表；

2）技术部分评分标准：见评标办法前附表；

3）报价部分评分标准：见评标办法前附表。

3　评标程序

3.1　初步评审

3.1.1　初步评审短名单的确定：见评标办法前附表。若进入短名单的投标人未能通过初步评审，则依序递补。当按照 3.1.5 款修正的价格高于未进入短名单的其他投标人，则选取较低报价的投标人替补该投标人进入短名单。

3.1.2　评标委员会依据本章第 2.1 款规定的标准对投标文件进行初步评审。有一项不符合评审标准的，其投标将被否决。

3.1.3　投标人有以下情形之一的，其投标将被否决：

1）第二章“投标人须知”第 1.4.2 项、第 1.4.3 项规定的任何一种情形的；

2）串通投标或弄虚作假或有其他违法行为的；

3）不按评标委员会要求澄清、说明或补正的。

3.1.4　技术评议时，存在下列情况之一的，评标委员会应当否决其投标：

1）投标文件不满足招标文件技术规格中加注星号（“*”）的主要参数要求或加注星号(“*”）的主要参数无技术资料支持；

2）投标文件技术规格中一般参数超出允许偏离的最大范围；

3）投标文件技术规格中的响应与事实不符或虚假投标；

4）投标文件中存在的按照招标文件中有关规定构成否决投标的其他技术偏差情况。

3.1.5　投标报价有算术错误的，评标委员会按以下原则对投标报价进行修正，修正的价格经投标人书面确认后具有约束力。投标人不接受修正价格的，其投标将被否决。

1）投标文件中的大写金额与小写金额不一致的，以大写金额为准；

2）总价金额与依据单价计算出的结果不一致的，以单价金额为准修正总价，但单价金额小数点有明显错误的除外。

3.1.6　经初步评审后合格投标人不足 3 名的，评标委员会应对其是否具有竞争性进行评审，因有效投标不足 3 个使得投标明显缺乏竞争的，评标委员会可以否决全部投标。

3.2　详细评审

3.2.1　详细评审短名单确定：见评标办法前附表。

3.2.2　投标报价的处理规则：见评标办法前附表。

3.2.3　评分按照如下规则进行。

1）评分由评标委员会以记名方式进行，参加评分的评标委员会成员应单独打分。凡未记名、涂改后无相应签名的评分票均作为废票处理。

2）评分因素按照 A～D 四个档次评分的，A 档对应的分数为 100～90（含 90），B

档 90～80（含 80），C 档 80～70（含 70），D 档 70～60（含 60）。评标委员会讨论进入详细评审投标人在各个评审因素的档次，评标委员会成员宜在讨论后决定的评分档次范围内打分。评标委员会成员宜在评分档次范围内打分，如评标委员会成员对评分结果有不同看法，也可超档次范围打分，但应在意见表中陈述理由。

3）评标委员会成员打分汇总方法，参与打分的评标委员会成员超过 5 名（含 5 名）以上时，汇总时去掉单项评价因素的一个最高分和一个最低分，以剩余样本的算术平均值作为投标人的得分。

4）评分分值的中间计算过程保留小数点后三位，小数点后第四位“四舍五入”；评分分值计算结果保留小数点后两位，小数点后第三位“四舍五入”。

3.2.4　评标委员会按本章第 2.2 款规定的量化因素和分值进行打分，并计算出综合评估得分。

1）按本章第 2.2.4　1）目规定的评审因素和分值对商务部分计算出得分 A；

2）按本章第 2.2.4　2）目规定的评审因素和分值对技术部分计算出得分 B；

3）按本章第 2.2.4　3）目规定的评审因素和分值对投标报价计算出得分 C；

4）投标人综合得分＝A＋B＋C。

3.2.5　评标委员会发现投标人的报价明显低于其他投标人的报价，或者在设有标底时明显低于标底，使得其投标报价可能低于其成本的，应当要求该投标人作出书面说明并提供相应的证明材料。投标人不能合理说明或者不能提供相应证明材料的，由评标委员会认定该投标人以低于成本报价竞标，否决其投标。

3.3　投标文件的澄清和补正

3.3.1　在评标过程中，评标委员会可以书面形式要求投标人对所提交的投标文件中不明确的内容进行书面澄清或说明，或者对细微偏差进行补正。评标委员会不接受投标人主动提出的澄清、说明或补正。

3.3.2　澄清、说明和补正不得改变投标文件的实质性内容（算术性错误修正的除外）。投标人的书面澄清、说明和补正属于投标文件的组成部分。

3.3.3　评标委员会对投标人提交的澄清、说明或补正有疑问的，可以要求投标人进一步澄清、说明或补正，直至满足评标委员会的要求。

3.4　评标结果

3.4.1　评标委员会按照综合得分由高到低的顺序推荐不超过________名中标候选人。

3.4.2　评标委员会完成评标后，应当向招标人提交书面评标报告。

3.4.3　中标候选人在信用中国网站（http：//www.creditchina.gov.cn/）被查询存在与本次招标项目相关的严重失信行为，评标委员会认为可能影响其履约能力的，有权取消其中标候选人资格。

第四章　合同条款及格式

1　合同书

合同号：

签订日期：

签订地点：

________公司（以下简称“甲方”）为一方，__________公司（以下简称“乙方”）为另一方同意按下述条款签署__（合同名称）__开发及实施合同（以下简称“合同”）：

1）合同文件

下述文件组成本合同不可分割的部分：

（1）合同书

（2）合同条款

（3）合同附件

附件一　技术标准和要求

附件二　合同费用构成明细

附件三　履约保函

附件四　保密协议

附件五　廉政合同

（4）中标通知书

（5）招标文件

（6）投标文件

（7）双方授权代表签字并指明的其他书面文件

所有招标文件、投标文件及经双方确认的与本合同相关的其他书面文件均为本合同之有效组成部分。其中涉及修改和新增的部分，以双方最终确认的文件为准。

2）合同范围和条件

本合同范围和条件应与上述规定的合同文件一致。

3）合同金额

本合同项下币种为人民币，合同总金额为（小写）：______万元（大写）：______

万元整。其分项价格详见附件二（合同费用构成明细）。

4）合同的支付条件、时间、地点和验收以及合同生效等详见合同有关的文件。

5）本合同用中文书写，正本一式____份，双方各执____份；副本____份，甲方执____份，乙方执____份。

6）本合同双方任何一方未取得另一方书面同意前，不得将本合同项下的任何权利和义务转让给第三方。

7）本合同经双方法定代表人或授权代表签字并加盖公章之日起生效，未尽事宜，双方可以另签补充协议。补充协议与本合同具有同等法律效力。在双方权利义务结束后自动失效。

甲方公司：____（盖公章）____	乙方公司：____（盖公章）____
授权代表：____（签名）____	授权代表：____（签名）____
纳税人类别：________	纳税人类别：________
联系人姓名：________	联系人姓名：________
地址：________	地址：________
电话：________	电话：________
传真：________	传真：________
日期：________	日期：________

2　合同条款

2.1　定义

在本合同中，下列词语及用法除上下文另有要求外，应具有本条款所赋予的含义。

1）甲方：是指________公司，其为本合同提供的系统和服务的业主和本合同项下合同系统和服务最终的用户。

2）乙方：是指按本合同规定提供合同货物和服务的________公司。

3）合同：指甲乙双方签署的书面协议，包括所有组成合同的文件、附件和其他经过双方授权代表签字并指明的其他书面文件。

4）合同总价：指乙方按照合同规定全面而正确地履行合同义务和承担合同责任后，甲方应支付给乙方的合同金额。

5）软件开发：指乙方根据甲方业务需求，按照软件行业相关规则分析、设计、编码、测试等过程，开发出满足合同要求的软件程序（源程序和执行程序）及相关文档。

6）系统实施：指乙方根据甲方业务实际情况，在软件开发成果的基础上，编制相关文档、整理基础数据、设置系统权限、培训用户使用系统等工作。

7）服务：指根据合同规定乙方承担的软件安装、测试、诊断、调试、支持、维护、升级、培训等工作。

8）开发（测试）环境：指软件开发（测试）所需要的场地、计算机硬件、系统软件、数据库、网络设备等用于实施开发过程的配置。

9）生产环境：指应用软件投入甲方实际工作中，正常运行使用所需要的场地、计算机硬件、系统软件、数据库、网络设备等的配置。

10）软件成果：指乙方根据甲方业务需求所开发出的满足合同要求的软件程序（源程序和执行程序）、文档及相关的技术资料。

11）最终用户：指甲方使用软件系统的业务部门和用户。

12）现场：指甲方指定的软件开发和系统实施的地点。

13）系统测试：指按照合同要求对软件进行性能、功能、安全等方面的检测，检验软件是否符合合同要求的技术内容和技术指标等的过程。

14）阶段验收：指乙方按照合同约定完成阶段性工作后，由乙方提出申请，甲方组织进行的阶段性检查，甲方根据阶段验收成果按照合同约定支付项目进度款。阶段验收成果作为项目合同验收的依据之一。

15）项目验收：指乙方按照合同约定完成全部软件开发、系统实施、文档编制等工作后，由乙方提出申请，甲方组织进行的合同验收。

16）系统试运行：指乙方按照合同规定完成系统开发任务，系统进入小范围运行以检验系统功能完备性的阶段，以实际项目一个运行周期为限。

17）正式运行：指乙方按照合同开发的系统通过试运行，具备稳定运行条件交付甲方，系统进入质保期。

18）质保期：指乙方完成合同约定所有内容，经项目验收合格后，乙方应免费提供技术支持的时间。

19）秘密信息：指甲方所拥有的，不为公众所知的管理信息、方式方法、用户名单、数据、信息、技术诀窍、源代码、计算机文档等，以及由甲、乙双方在履行本合同过程中明确指明为秘密的、法律所认可的任何信息。

20）公开信息：是指通过合法的手段在公开且合法的媒介中可以获得或知晓的信息。

21）工作日：指国家所规定的法定节假日之外的所有工作日，未指明为工作日的日期指自然顺序的日期。

2.2 适用性

所有条款的标题只是为了查阅，不具有解释或理解本合同的意义。

2.3　合同标的

2.3.1　建设目标

通过本项目软件开发和系统实施，实现以下目标：　（项目建设应实现的主要目标）　；

本项目需实现的目标详细内容见合同附件一（技术标准和要求）。

2.3.2　建设内容

本项目软件开发和系统实施的主要内容包括：　（项目建设的主要内容）　；

本项目需实现的详细内容见合同附件一（技术标准和要求）。

2.3.3　实施范围：

本项目实施的主要范围包括：　（项目实施的主要范围）　；

本项目需实施的详细内容和范围见合同附件一（技术标准和要求）。

2.3.4　技术服务要求：

本项目建设应采用的主要技术服务方式：　（项目建设的主要服务方式）　；

本项目建设应满足的主要技术服务要求：　（项目建设的主要技术要求）　；

本项目建设期间应满足的详细技术服务方式和要求见合同附件一（技术标准和要求）。

2.4　项目工期及执行地点

2.4.1　项目工期

合同履行期限为：____年____月____日　至____年____月____日

2.4.2　项目主要里程碑

项目建设按照以下节点进行控制：

(项目建设过程中需要控制的主要节点的日期和内容，可以增加或减少以下所列节点)

1）项目启动：计划完成时间：____年____月____日，召开项目启动会，组建项目建设联合工作组，制定项目执行计划和相关制度规定。

2）软件开发：计划完成时间：____年____月____日，完成用户需求调研，进行用户需求分析、系统概要设计、系统详细设计、代码编制、单元测试等。

3）系统实施：计划完成时间：____年____月____日，进行用户需求和图纸资料的收集整理，完成基础数据的整理、用户权限的授予、系统初始化设置，具备系统试运行的条件。

4）系统上线运行：计划完成时间：____年____月____日，完成系统集成测试，编制测试报告，完成用户操作培训和系统维护培训，完成生产环境的部署，编制系统上线运行规定的相关文档，发布系统上线运行公告。

5）合同验收：计划完成时间：____年____月____日，完成合同约定的全部软件开发、系统实施工作，乙方提出验收申请，甲方组织进行项目验收。

6）系统质保及售后服务：合同验收通过后，一年内，乙方按照合同约定提供技术支持、问题修复、系统完善、免费升级等售后服务工作。

2.4.3　项目执行地点

软件主要开发地点为：________；

系统实施地点为：______。

2.5　合同金额及支付方式

2.5.1　合同总金额

本合同以人民币付款，合同总价为人民币（大写）________元（￥ ______）；其中：不含税价为人民币（大写）________元（￥______），增值税税额为人民币（大写）________元（￥ ____）。

2.5.2　支付方式

本合同费用由甲方根据项目建设进度分期支付给乙方，同时乙方应提供增值税专用发票。具体支付方式和时间如下：

1）第一次付款：（根据项目情况和甲乙双方协商阶段付款的次数和比例，可调整阶段款项支付次数）

乙方完成____________等内容并提交相应成果后，经甲方组织阶段验收合格后 15 个工作日内，甲方支付合同总额的　%，即人民币（小写）________万元，（大写：______元整）。

2）第二次付款：

乙方完成合同约定的全部软件开发、系统实施工作后，组织系统上线试运行，试运行期满后，乙方提交项目最终成果和文档，并提出验收申请，甲方组织项目竣工验收，验收通过后 15 个工作日内，甲方支付合同总额的　%，即人民币（小写）______万元，（大写：______元整），同时扣除合同总价的 5%作为质保金，即人民币（小写）______万元，（大写：______元整）。

3）纳税人信息：

单位名称：____________________；

纳税人识别号：________________；

地址：________________________；

电话：________________________；

开户行名称：__________________；

账户：________________________。

4）卖方应按照结算款项金额向买方提供符合税务规定的增值税专用发票，买方在收到卖方提供的合格增值税专用发票后支付款项。

卖方应确保增值税专用发票真实、规范、合法，如卖方虚开或提供不合格的增值税专用发票，造成买方经济损失的，卖方承担全部赔偿责任，并重新向买方开具符合规定的增值税专用发票。

合同变更如涉及增值税专用发票记载项目发生变化的，应当约定作废、重开、补开、红字开具增值税专用发票。如果收票方取得增值税专用发票尚未认证抵扣，收票方应在开票之日起180天内退回原发票，则可以由开票方作废原发票，重新开具增值税专用发票；如果原增值税专用发票已经认证抵扣，则由开票方就合同增加的金额补开增值税专用发票，就减少的金额依据收票方提供的红字发票信息表开具红字增值税专用发票。

2.5.3　质保金

质保金为合同总价的5％。

1）质保期：项目竣工验收后，系统正式上线运行后满12个月；

2）质保期满并经甲方确认后15个工作日内，甲方支付乙方质保金。

2.6　成果交付

本项目完成后的最终成果应包括软件产品和文档资料，乙方交付的产品应准确、完整、清晰，完全满足本合同和附件约定的全部内容和甲方（或甲方用户）安装部署、运行维护和后期扩展的要求，并保证系统运行的安全、稳定、高效、可靠。

2.6.1　提交的成果

本项目软件开发和系统实施完成后应提交的成果包括：

1）系统软件：包括完整的未编译的软件源代码、系统安装部署程序、其他相关内容。

2）项目文档资料（包括但不仅限于以下清单）：

序号	名称
1	编码、标准、规范或制度类文档
2	系统基础数据清单、用户数据清单
3	系统总体建设方案、实施方案、用户需求分析、概要设计、详细设计、培训教材
4	系统测试大纲或方案、测试报告、问题修正报告
5	安装部署手册、管理维护手册、用户操作手册
6	系统运行规范、系统试运行报告
7	源代码说明文档
8	项目建设总结（软件开发总结、系统实施总结等）
9	其他相关文档

2.6.2　交付方式

1）交付的时间：按照合同约定的项目计划进行。

2）交付的地点：合同履行地点或甲方指定的其他地点。

3）交付的介质和数量：系统软件类采用移动硬盘（或光盘、U 盘）等介质存储移交，一式二份；文档资料类打印纸质装订成册，并同时以移动硬盘（或光盘、U 盘）等介质存储电子文件，电子文件除 WORD \ EXCEL 等原始格式文件外，还需转换成 PDF 格式。纸介质和存储介质各为一式二份

2.7　合同验收

2.7.1　验收的准备

项目工作任务：乙方按照合同及合同附件的约定，完成全部软件开发、系统实施等工作，具备完整的项目验收文档，并已进行了必要的各个阶段的验证、确认、评审和审计，成功通过系统单元测试、集成测试和确认测试，系统正确运行后方可进行项目验收。

系统软件成果：系统开发完成并经测试、确认后，部署至甲方生产环境进行系统试运行，试运行期间若出现故障或问题，乙方应及时进行处理和排除。系统连续正常试运行　90 天（根据具体项目的要求进行修改）　后，系统软件成果可移交给甲方。

文档资料成果：乙方在项目执行各阶段应及时编制、收集项目相关文档，软件开发和系统实施工作完成后，按照甲方档案整理要求收集整理项目全部文档资料成果，按合同约定要求移交给甲方。

2.7.2　验收的组织

完成项目建设全部工作，具备验收条件后，乙方以书面形式向甲方提交验收申请，甲方在收到验收申请后在15 个工作日内安排具体日期，由甲方组织相关人员按照国家、行业、公司有关标准和程序进行验收，验收合格后出具合同验收报告。

2.7.3　验收的结果

乙方提交项目全部成果，甲方组织验收工作，项目验收合格的，甲方出具合同验收通过报告，并按照合同约定支付乙方相应款项。项目验收不合格的，甲方出具验收不通过报告，乙方应负责修改系统，排除故障或处理问题，达到验收条件后，重新申请验收。因乙方原因导致项目验收不合格产生的项目建设成本，由乙方承担。

因乙方没有完成合同约定的全部工作或项目没有达到规定标准而导致验收不合格，乙方应承担项目延期的违约责任，并按本合同违约责任条款之约定向甲方支付违约金和对因项目延期给甲方造成的一切损失予以赔偿。

2.8　知识产权

2.8.1　关于知识产权的承诺和保证

1）若有任何第三方提出本项目开发或开发项下的交付标的侵犯任何专利权、著作权、商标权或商业秘密等，均由乙方负责解决并承担由此产生的全部法律责任，甲方及甲方最终用户不承担任何责任，但甲方或甲方最终用户应立即通知乙方。如因乙方侵犯他方知识产权致使甲方或甲方最终用户受到任何第三方的追偿或相关政府部门的任何形式的处罚或承担任何形式的责任，乙方须就此侵权对甲方造成的一切损失予以赔偿。

2）如因第三方提出侵权主张而申请或取得针对开发或开发项下交付标的的使用的禁止令，乙方可选择以下救济措施并自行承担相关费用：

（1）为甲方（或用户）取得继续使用受影响的交付标的的相应权利。

（2）以具有同等功能的交付标的替换或修改受影响的交付标的，使其不再侵权。

3）在上述救济措施不具有可行性的情况下，甲方有权终止本合同，并要求乙方返还全部开发费，并按照本合同总额的5%支付违约金，如对甲方造成任何损失，还需承担相应的损失赔偿责任。

4）如乙方所交付或许可甲方使用的软件需经中国有关部门登记、备案、审批或许可的，乙方应保证所提供的软件已完成了上述手续。

2.8.2　知识产权的归属

履行本合同产生的所有成果的知识产权归甲方所有。甲方利用乙方提交的合同成果所完成的新的技术成果，也归甲方所有。

未经甲方书面同意，乙方为履行本合同完成的软件设计开发、软件系统等所有的知识产权成果，不得提供给第三方或在本项目以外使用。

2.9　培训与服务支持

2.9.1　培训

乙方应为甲方及甲方最终用户单位的现场技术人员、操作人员、使用人员免费提供集中培训服务，帮助理解项目设计，解答有关技术问题。相关培训由甲方负责组织，培训目标为受训者能够独立、熟练地完成操作，实现依据本合同所规定的软件的目标和功能。

详细培训内容及要求见附件一（技术标准和要求）。

2.9.2　服务支持

1）乙方应严格按照本合同的要求，保证所提供的软件产品功能齐全、性能稳定，文档资料准确、完整；项目验收合格后，按本合同约定向甲方用户单位提供 1 年 的免费技术支持和服务，解决应用过程中出现的软件问题，并向甲方提供补丁程序和源代码，配合甲方无偿解决该软件与其他相关软件的接口问题。维护和支持服务期满后，如甲方继续聘请乙方提供上述服务，甲、乙双方另行签订维护和支持服务协议。

2）在项目维护服务期内，乙方应在收到甲方用户单位的服务要求（包括传真件、电子邮件和电话）后及时做出响应，并在24 小时 内负责解决甲方及或甲方用户单位所反映的问题。

2.9.3 工作联络

为保证项目建设的顺利进行，甲方随时需要与乙方进行联系和沟通，乙方承诺：

1）甲方能够通过电话、传真、电子邮件等各种方式与乙方指派的项目经理保持联络，在工作时间内保证甲方能够通过电话与项目经理及助理随时联络。

2）对于甲方发出的会见要求，乙方相关人员应当在 2 个工作日内安排进行。

3）对于无法联络的项目经理及其助理，甲方保留要求更换的权利。

4）乙方应当与信息及信息指定的业务单位（或人员）保持联络。

5）乙方应当与甲方聘请的其他咨询服务机构（或人员）保持联络。

2.10 转委托

未经甲方同意，乙方不得将项目全部或部分开发、实施工作转委托给第三方，否则甲方有权解除合同，乙方应承担违约责任。甲方同意乙方分包的，乙方应就分包商的工作向甲方承担连带责任。

2.11 双方的责任与义务

2.11.1 甲方的责任与义务

1）负责项目主要工作内容和目标的确定与确认，项目关键问题的协调和对项目整体规划与进度的审批；负责项目规范（设计规范、技术规范、使用规范）、文档的审核和确认，对项目进行阶段性审查，制定项目验收标准并组织项目的验收。

2）审批与确定乙方项目主要组成人员；有权安排乙方项目组成员的工作，若认为乙方的工作人员不能按时、按质完成甲方交与的任务以及不严格按照甲方制定的规范进行工作时，有权要求乙方更换其项目组成员；有权对乙方的项目组成员进行考核，评价其服务效率。

3）负责提供项目的历史数据、新增数据、业务需求文档、系统建设技术要求说明书和对有关问题予以澄清和解释。

4）按本合同约定向乙方支付合同费用。

5）甲方有权聘请工业和信息化部授权的具有监理资质的第三方作为本项目开发的监理。如甲方指定了第三方作为项目的监理，在甲方的授权范围内该监理就本项目的监理事项，享有与本合同中所约定的甲方同等的权利。

6）甲方有权聘请上述监理之外的第三方对软件进行测试。如甲方指定了第三方作为测试机构，在甲方的授权范围内该测试机构就本项目的测试事项，享有甲方所授予的与本合同所约定的甲方同等的权利。

7）在甲方条件许可的情况下，为乙方提供必要的工作环境，工作环境的费用按甲方相关规定执行。

2.11.2　乙方的责任与义务

1）与甲方一起为其业务开发软件及其所需功能的描述和甲方所提供的资料与信息共同制作需求分析。在甲方提交有关需求说明、资料和信息时，对其就其中所涉及的软件功能、目标、需求构成及相关技术问题咨询或征求意见时，乙方应当在10日内予以解释和答复，如遇问题，则应在10日内负责解决。

2）按照项目和合同要求组织人员参与项目的开发实施工作，乙方应保证项目组人员的技能和稳定性，满足项目开发和实施要求；如乙方根据具体情况需重新指定本方项目负责人，或需要抽调、替换项目组成员的，应当以书面方式向甲方提出申请；征得甲方同意后方可进行。

3）乙方应将甲方提供的资金用于本项目的开发实施工作之中，不得擅自挪作他用；开发环境和开发工具须与甲方共同商议后确定。

4）乙方根据合同规定的项目进度计划，在甲方指定现场完成工作的一切相关费用，由乙方自行承担。

5）乙方在甲方提供的工作环境中开展项目建设时应遵守甲方的相关规定和制度。若乙方项目组成员在工作时间需要外出或离开项目现场，需向甲方项目负责人请假，获得批准后方可离开。

2.12　承诺与保证

2.12.1　甲方承诺与保证

1）甲方具有合法的权利能力签署并履行本合同项下的义务。

2）甲方签署和履行本合同或与本合同相关的文件将不会与适用于甲方的法律法规或判决等相冲突；且不会与甲方同第三人所签署的任何法律文件如保证协议、承诺、合同等中的义务相冲突或导致任何违约，或使甲方的权利受到约束。

2.12.2　乙方承诺与保证

1）乙方是根据中国法律合法设立、存续并具有良好信誉的公司，具有合法的权利能力签署和履行本合同项下的义务。

2）乙方签署和履行本合同或与本合同相关的文件将不会与乙方的章程或其他适用于乙方的法律法规或判决相冲突；且不会与乙方同第三人所签署的任何法律文件如保证协议、承诺、合同等规定的义务相冲突而导致乙方的权利受到约束。

3）乙方履行本合同项下的义务没有受到任何第三方的约束或限制，也没有承担任何约束或限制性义务。

4）乙方开发的软件符合中国有关软件产品方面的规定和软件标准、规范。并符合行业及部门技术规范，符合产品应具有的使用价值与功能。

5）在乙方所交付的信息系统中，不含任何可以自动终止或妨碍系统运作的软件、插件等，乙方应对保证系统的稳定及安全性方面承担责任。

6）乙方在系统建设期间维持一支稳定的开发、实施队伍。

7）乙方保证按照合同规定所提交成果满足合同要求，乙方提交成果质量认定以依照合同规定进行的验收结论为准。

2.13 违约责任

本合同适用中华人民共和国法律，如果甲乙任何一方违反约定，对方有权通知其在七日内予以更正，逾期不更正的视为违约，违约方应承担相应的违约责任，并承担因违约所造成的损失。

2.13.1 甲方的违约责任

1）由于甲方原因造成的项目开发工作停滞、延误，乙方不承担任何责任，在甲方提前书面通知乙方后，乙方应根据实际情况服从和协助甲方制定出新的工作计划，并按新的工作计划开展工作。

2.13.2 乙方的违约责任

1）非因甲方原因，乙方未按项目开发计划（见附件一）组织项目开发工作，甲方有权要求乙方严格按项目进度计划组织实施和采取补救措施，并有权要求乙方赔偿由此对甲方造成的一切损失。

2）非因甲方原因，乙方如果在合同约定的项目周期内不能完成本合同约定的任务，应提前5个工作日向甲方做出书面解释并提出延长工期的书面申请，在征得甲方的认可和同意后，工期可以作适当顺延，每顺延一天乙方承担合同总价款的5‰违约金，并赔偿甲方由此产生的全部损失；违约金的最高限额为合同总价款的10%，超过此限额时，甲方有权解除合同。

3）如果乙方交付的软件经甲方或第三方测试和验收后确定为不符合或部分不符合本合同确定的项目需求，甲方可给予乙方适当的期限对软件进行修改，乙方应承担上述条款规定的迟延交付违约责任。

4）如乙方交付的软件在售后服务期内出现严重影响甲方及甲方最终用户使用的故障和问题，并且在甲方认可的合理时间内未能解决，乙方应按上述迟延交付责任条款承担相应违约责任。

2.14 不可抗力和免责条款

1）由于战争、暴乱、自然灾害、政变、罢工、传染疾病、国家法律变化和政府行为等以及其他不能预见并对其发生和后果不能预防、不能克服或避免的不可抗力，直接影响本合同的履行或者不能按照合同的约定履行时，遇有上述不可抗力的一方应立即以传真、电报等书面形式通知对方，并在14天之内提供不可抗力的详细情况及合同不能履行，或者部分不能履行，或者需要延期履行的理由和有效的有关部门出具的证明文件。按不可抗力对履行合同影响的程度，由双方协商决定是否解除合同，或者部分免除履行合同的义务，或者延期履行合同。一方迟延履行本合同时发生不可抗力的，迟延方的违约责任不能免除。

2）受到不可抗力影响的一方，应尽可能地采取合理的行为和适当的措施减轻不可抗力对本合同的履行所造成的影响。没有采取适当措施致使损失扩大的，该方应就扩大损失的部分承担责任。

3）如果不可抗力持续影响本合同的执行超过120天以上时，双方应对本合同的有关内容进行重新协商，进一步达成一个延期或终止执行本合同的协议。

2.15　合同变更

1）本合同签署后，未经双方书面同意，任何一方不得随意更改本合同。本合同所列的附件，经双方签字后为本合同的组成部分。如本合同在履行过程中有任何变更、补充或修改，经双方协商后应另行签订书面协议。

2）对本合同条款进行的任何修改，除本合同另有约定外，都必须经甲乙双方协商同意，并由双方授权代表签署书面协议。

2.16　合同解除

在合同执行过程中，经甲乙双方协商一致的，可以解除合同，并以书面形式确定。但如果发生以下情况之一的，签约一方可以向另一方提出解除合同的请求，另一方应当在15个工作日内予以答复，逾期未予答复的，视为同意：

1）发生不可抗力；

2）因对方严重违约使合同无法继续执行或没有必要继续执行；

3）如果乙方破产或无清偿能力时，甲方可在任何时候以书面形式通知乙方终止合同，终止该合同将不损害或影响甲方已经采取或将要采取的补救措施的权利。

4）合同解除后，对于已履行部分给签约方造成的实际损失，双方协商承担方式。

2.17　争议解决

合同双方在履行合同中发生争议的，友好协商解决。协商不成的，诉讼解决。

2.18　保密事宜

为了保护甲乙双方商业秘密的安全，维护双方合法权益和经济利益，防止涉密信息被公开披露或以任何形式泄漏。甲乙双方除遵守以下保密条款外，还应签订保密协议，进一步明确双方保密的内容和责任。保密协议将作为合同不可分割的组成部分。

2.18.1　保密范围和内容

1）本合同书及其附件、乙方为履行本合同所获悉的属于甲方的文件资料及信息

（包括商业秘密、公司计划、运营活动、财务信息、技术信息、经营信息等文件资料及数据信息）属于本合同的保密资料，乙方应予保密。非因法定事由或经甲方同意，乙方不得将保密资料用于与本合同无关的事项，不得提供或披露给第三方。

2）乙方为履行本合同，可向其确有知悉必要的工作人员提供上述保密资料及信息，但应采取措施，保证其工作人员遵守本条规定的保密义务，乙方对其工作人员的泄密行为承担责任。

3）本合同履行完毕后，乙方应将全部保密资料退还甲方，并将在履行本合同中所使用的工具设备上所留存的电子介质等资料予以销毁。

4）如果乙方违反本条款的规定，并给甲方造成损失，乙方应向甲方承担赔偿责任，赔偿金额以合同总金额为限。

2.18.2　保密期限

本保密条款，在本合同解除或终止后继续有效。

2.19　履约保函

1）中标人应在合同签订后15日内，按照合同条款的规定，向招标人提交履约保函，保函金额为合同总价的10%。（中标人为联合体时，履约保函应由联合体牵头人提交，对联合体各成员均具有同等约束力。）

2）如果中标人没有按照上述条款规定履行，招标人将有充分的理由取消该中标决定，并将其投标保证金收归招标人所有。

2.20　生效及其他

1）乙方在执行本项目期间需要到甲方的办公现场工作，应遵守国家、甲方单位有关法律、法规和规章制度的规定，制定实施严格的安全和保密措施。

2）为保障本合同的顺利完成，甲方指定项目负责人：________，联系电话：____________；乙方指定项目负责人：________，联系电话：____________。乙方更换项目负责人、安全负责人须事先取得甲方的同意。

3）本合同经双方法定代表人或授权代表签字并加盖公章之日起生效，未尽事宜，双方可以另签补充协议。补充协议与本合同具有同等法律效力。在双方权利义务结束后自动失效。

4）本合同正本一式____份，双方各执____份；副本____份，甲方执____份，乙方执____份，均具有同等法律效力。

甲方：________（盖公章）________　　乙方：________（盖公章）________

授权代表：______（签名）______　　授权代表：______（签名）______

日期：____________________　　日期：____________________

附件一：技术标准和要求

（签订合同时由乙方补充）

附件二：合同费用构成明细

（签订合同时由乙方补充）

表 1　合同费用构成明细表　　　　单位：人民币元

序号	项目名称	内容说明	单价	合价	备注
1	软件开发				
	功能模块 1				
	功能模块 2				
	……				
	系统集成开发				
	系统实施				
	实施内容 1				
2	实施内容 2				
	……				
	培训				
	培训 1				
	培训 2				
	……				
3	技术支持服务				
6	其他费用				
	合计				

附件三：履约保函

中国长江三峡集团有限公司：

鉴于　　　　　　　　　　（以下称承包人）已保证按合同（合同编号：　　）实施　　　　科研合同（以下简称合同）。

鉴于你方在上述合同中要求承包人向你方提交下述金额的经认可银行开具的保函，作为承包人履行本合同责任的保证金：

1. 本行同意为承包人出具本保函。

2. 本行在此代表承包人向你方承担支付人民币　　　（大写）　　元的责任，在你方第一次书面提出要求得到上述金额内的任何付款时，本行即予支付，不挑剔，不争辩，也不要求你方出具证明或说明背景、理由。

3. 本行放弃你方应先向承包人要求赔偿上述金额，然后再向本行提出要求的权力。

4. 本行进一步同意在你方和承包人之间的合同条件、合同项下的工程或合同文件发生变化、补充或修改后，本行承担本保函的责任也不改变，有关上述变化、补充和修改也无须通知本行。

5. 本保函从本保函签订之日起直至缺陷责任证书发出后28天内一直有效。

银行名称：________________

地　　址：________________

许可证号：________________

法定代表人（或委托代理人）：______（姓名）______

（签名）

邮　　编：________________

电　　话：________________

传　　真：________________

日　　期：______年____月____日

附件四：保密协议

委托人：

受托人：

因受托人为委托人提供服务，已经（或将要）知悉委托人的商业秘密。为了明确受托人的保密义务，有效保护委托人的商业秘密，防止该商业秘密被公开披露或以任何形式泄露，根据《中华人民共和国合同法》、《中华人民共和国反不正当竞争法》等法律法规，双方本着平等、自愿、公平和诚实信用的原则签订本保密协议，构成主合同的组成部分。

第一条　商业秘密

1. 本协议所称商业秘密包括但不限于技术信息、专有技术、经营信息和其他被委托人列为商业秘密的信息。受托人应对委托人的商业秘密承担保密义务。本协议之签订可认为委托人已对公司的商业秘密采取了合理的保密措施。

2. 技术信息指委托人拥有或获得的有关生产和产品销售的技术方案、制造方法、工艺流程、计算机软件、数据库、实验结果、技术数据、图纸、样品、样机、模型、模具、说明书、操作手册、技术文档和涉及商业秘密的业务函电等一切有关的信息。

3. 专有技术指委托人拥有的有关生产和产品销售的技术知识、信息、技术资料、制作工艺、制作方法、经验、方法或其组合以及未在任何地方公开过其完整形式的、未作为工业产权来保护的其他技术。

4. 经营信息指有关生产经营管理的战略规划、经营方针、投资意向、商业计划、投融资数据、市场分析、与三峡工程有关的防洪、反恐、水情预报、水文等信息、电量电价、不公开的财务资料和数据、合同、交易相对人资料、客户资料等信息。

5. 委托人依照法律规定（如在缔约过程中知悉其他相对人的商业秘密）和在有关协议的约定（如技术合同）中对外承担保密义务的事项，也属本保密协议所称商业秘密的范畴。

第二条　保密义务人

保密义务人是指为委托人提供相关服务，或因身份、职务、职业或专业技术关系而知悉委托人商业秘密的受托人机构或人员。

第三条　保密义务人的保密义务

1. 保密义务人应采取完善措施对委托人商业秘密加以保护，并严格保守，保证不被披露或使用，包括意外或过失，即使这些信息可能是全部由保密义务人本人因工作而构思或取得的。受托人应确保知悉委托人商业秘密的受托人有关人员（包括该人员在退出项目或离职之后）遵守本协议约定的保密义务。

2. 在服务关系存续期间，保密义务人未经授权，不得擅自披露、使用商业秘密、制造再现商业秘密的器材、取走与商业秘密有关的物件；不得刺探与合同约定的受托人工作无关的商业秘密；不得直接或间接地向受托人内部、外部的无关人员泄露；不得向不承担保密义务的任何第三人披露委托人的商业秘密；不得允许（出借、赠予、出租、转让等处分委托人商业秘密的行为皆属于“允许”）或协助不承担保密义务的任何第三人使用委托人的商业秘密；不得复制或公开包含受托人商业秘密的文件或文件副本；对因工作所保管、接触的有关委托人商业秘密的文件应妥善对待，未经许可不得超出工作范围使用。

3. 如果发现委托人商业秘密被泄露或者自己过失泄露商业秘密，应当采取有效措施防止泄密进一步扩大，并及时向委托人报告。

4. 服务关系结束后，保密义务人应将与工作有关的技术资料、试验设备、试验材料、客户名单等以及所有受托人保留或控制的该文件及资料的复印件、摘要交还公司；同时，受托人应销毁与已交回保密信息有关的任何文件和资料，不得保留复印件或以任何方式留存信息。

5. 受托人如违反本条规定的，应承担本协议第五条规定的违约责任。

第四条　保密义务的终止

保密义务人应承担保密义务直至该商业秘密已通过合法途径进入公共领域，成为公开信息；受托人是否完成合同义务、双方签订的合同是否履行完毕，均不影响其保密义务的承担。

第五条　违约责任

1. 受托人违反本协议约定的保密义务的，应向委托人支付主合同总价 10％违约金，并赔偿委托人损失。委托人损失包括实际损失，以及为处理该事件所支出的费用（包括但不限于律师费、公证费、取证费及委托人因索赔产生的一切费用）。

2. 主合同期内，若受托人违反本协议，委托人有权单方解除与受托人签署的主合同。

3. 因受托人恶意泄露商业秘密给公司造成严重后果的，公司将通过法律手段追究其侵权责任，直至追究其刑事责任。

4. 受托人对受托人任何工作人员、代理人和雇员违反本协议的作为或不作为负责。上述人员违反本协议约定，委托人有权直接要求受托人承担违约责任。

第六条　争议解决方法

因执行本协议而发生纠纷的，按主合同约定的争议解决方法执行。

第七条　双方确认

1. 在签署本协议前，双方已经详细审阅了协议的内容，并完全了解协议各条款的法律含义。

2. 保密义务人只能为实现主合同目的使用委托人商业秘密，不作任何他用。

3. 主合同价款已包含保密义务人的保密费，此处不再重复支付。

第八条　协议的效力和变更

1. 本协议自双方签字盖章后生效，除非委托人书面通知受托人解除保密义务，受托人的保密义务永久持续有效，不因主合同效力终止而终止；此前签署的其他有关保密协议不因本协议生效而发生任何效力变化。

2. 本协议的任何修改必须经过双方的书面同意，并签署相关补充协议，与本协议具有同等法律效力。

委托人：
法定代表人或其授权代理人：
签署日期：

受托人：
法定代表人或其授权代理人：
签署日期：

附件五：廉洁协议

甲方（发包人）：________________

乙方（承包人）：________________

为了防范和控制________________合同（合同编号：________________）商订及履行过程中的廉洁风险，维护正常的市场秩序和双方的合法权益，根据反腐倡廉相关规定，经双方商议，特签订本协议。

一、甲乙双方责任

1. 严格遵守国家的法律法规和廉洁从业有关规定。

2. 坚持公开、公正、诚信、透明的原则（国家秘密、商业秘密和合同文件另有规定的除外），不得损害国家、集体和双方的正当利益。

3. 定期开展党风廉政宣传教育活动，提高从业人员的廉洁意识。

4. 规范招标及采购管理，加强廉洁风险防范。

5. 开展多种形式的监督检查。

6. 发生涉及本项目的不廉洁问题，及时按规定向双方纪检监察部门或司法机关举报或通报，并积极配合查处。

二、甲方人员义务

1. 不得索取或接受乙方提供的利益和方便。

（1）不得索取或接受乙方的礼品、礼金、有价证券、支付凭证和商业预付卡等（以下简称礼品礼金）；

（2）不得参加乙方安排的宴请和娱乐活动；不得接受乙方提供的通讯工具、交通工具及其他服务；

（3）不得在个人住房装修、婚丧嫁娶、配偶、子女和其他亲属就业、旅游等事宜中索取或接受乙方提供的利益和便利；不得在乙方报销任何应由甲方负担或支付的费用；

2. 不得利用职权从事各种有偿中介活动，不得营私舞弊。

3. 甲方人员的配偶、子女、近亲属不得从事与甲方项目有关的物资供应、工程分包、劳务等经济活动。

4. 不得违反规定向乙方推荐分包商或供应商。

5. 不得有其他不廉洁行为。

三、乙方人员义务

1. 不得以任何形式向甲方及相关人员输送利益和方便。

（1）不得向甲方及相关人员行贿或馈赠礼品礼金；

（2）不得向甲方及相关人员提供宴请和娱乐活动；不得为其购置或提供通讯工具、

交通工具及其他服务；

（3）不得为甲方及相关人员在住房装修、婚丧嫁娶、配偶、子女和其他亲属就业、旅游等事宜中提供利益和便利；不得以任何名义报销应由甲方及相关人员负担或支付的费用。

2. 不得有其他不廉洁行为。

3. 积极支持配合甲方调查问题，不得隐瞒、袒护甲方及相关人员的不廉洁问题。

四、责任追究

1. 按照国家、上级机关和甲乙双方的有关制度和规定，以甲方为主、乙方配合，追究涉及本项目的不廉洁问题。

2. 建立廉洁违约罚金制度。廉洁违约罚金的额度为合同总额的1%（不超过50万元）。如违反本协议，根据情节、损失和后果按以下规定在合同支付款中进行扣减。

（1）造成直接损失或不良后果，情节较轻的，扣除10%～40%廉洁违约罚金；

（2）情节较重的，扣除50%廉洁违约罚金；

（3）情节严重的，扣除100%廉洁违约罚金。

3. 廉洁违约罚金的扣减：由合同管理单位根据纪检监察部门的处罚意见，与合同进度款的结算同步进行。

4. 对积极配合甲方调查，并确有立功表现或从轻、减轻违纪违规情节的，可根据相关规定履行审批手续后酌情减免处罚。

5. 上述处罚的同时，甲方可按照中国长江三峡集团有限公司有关规定另行给予乙方暂停合同履行、降低信用评级、禁止参加甲方其他项目等处理。

6. 甲方违反本协议，影响乙方履行合同并造成损失的，甲方应承担赔偿责任。

五、监督执行

1. 本协议作为项目合同的附件，由甲乙双方纪检监察部门联合监督执行。

2. 甲方举报电话：________________；乙方举报电话：________________。

六、其他

1. 因执行本协议所发生的有关争议，适用主合同争议解决条款。

2. 本协议作为________________合同的附件，一式肆份，双方各执贰份。

3. 双方法定代表人或授权代表在此签字并加盖公章，签字并盖章之日起本协议生效。

甲方：（盖章）　　　　　　　　　　乙方：（盖章）

法定代表人（或授权代表）：　　　　法定代表人（或授权代表）：

第五章　投标报价表

1　投标报价说明

1.1　投标人应按下述表格所列项目和格式报价，报价均应含于表格所列项目中并计入总价，不得对表格所列项目进行随意增减。

1.2　投标人的报价中包含投标人工作所需全部成本、税金和利润等一切费用。

1.3　①本合同适用增值税税率为____（填税率）。采用一般计税方式的，投标人应按照"价税分离"方式进行报价。②卖方/承包人应按照国家有关法律、法规有关规定和国家营改增政策和增值税的相关规定，计取、缴纳税费，卖方/承包人应缴纳的税费均包括在合同价格中。

1.4　投标人的报价应为固定总价价格。对于报价人为完成本项目所必需却没有单独列项的费用，均应视为已包含在总报价中。

2　报价清单表

表1　报价汇总表　　单位：人民币元

1	2	3	4	5	6	7	8
序号	项目名称	内容说明	单位	数量	单价	合价（5×6）	备注
1	软件开发						
2	系统实施						
3	技术支持服务						
4	培训						
5	第三方软件						
6	其他费用						
	合计						

表2　报价明细表　　单位：人民币元

1	2	3	4	5	6	7	8
序号	项目名称	内容说明	单位	数量	单价	合价（5×6）	备注
1	软件开发						
1.1	功能模块1						

续表

1	2	3	4	5	6	7	8
序号	项目名称	内容说明	单位	数量	单价	合价（5×6）	备注
1.2	功能模块 2						
	……						
2	系统实施						
	……						
3	技术支持服务						
3.1	软件升级						
3.2	现场维护						
	……						
4	培训						
4.1	培训课程 1						
	……						
5	第三方软件						
5.1	软件 1						
	……						
6	其他费用						
	……						
	合计						

表 3　其他建议方案报价表（不计入投标总价）　　单位：人民币元

1	2	3	4	5	6	7	8
序号	项目名称	内容说明	单位	数量	单价	合价 （5×6）	备注
1	补充功能模块						
	……						
2	第三方软件						
	……						
3	硬件						
	……						
	合计						

注：1. 上表总计数系指完成系统建设所需的开发、调试、安装、测试、试运行、基础数据整理、验收、培训及售后服务等全部工作所需的总费用及所有税金。

2. 上表应根据各项目具体情况列清单位和数量，如有特殊说明应在备注中标示。

3. 其他建议方案报价表是投标人在本项目招标范围外向招标人推荐的适配本项目的额外配件、软件、硬件等报价，此报价不在本次评审范围内，仅供招标人参考。

（投标人名称）＿＿＿＿＿＿＿＿

（授权代表签名）＿＿＿＿＿＿＿＿

（印刷体姓名）＿＿＿＿＿＿＿＿

（职　　　务）＿＿＿＿＿＿＿＿

（公司公章）＿＿＿＿＿＿＿＿

第六章　图纸

根据项目情况选用，或删除本章。

第七章　技术标准和要求

1　项目概况

1.1　总体概述

1.1.1　项目名称

项目名称：________

1.1.2　实施地点及范围

地点：______(项目建设主要地点)______

范围：______(项目建设主要单位对象)______

1.1.3　项目概况

(简要描述本项目的背景、来源、建设原则、目标和意义、规划的主要内容等)

1.2　信息化建设现状

(简要描述本单位信息化建设概况，以及对系统建设应遵循的主要标准规范、技术要点等)

1.2.1　本系统建设现状

(简要描述本业务涉及的原有信息系统建设情况和应用情况。对新系统本节可省略)

1.2.2　其他相关系统建设现状

(简要描述跟本系统有关联的信息系统现状)

1.2.3　软硬件环境现状

(简要描述本系统可能涉及的网络、服务器、系统软件、中间件等现状或规定)

1.3　术语与定义

(简要定义本文档涉及的特有名词、专用术语。如没有可省略)

2　采购内容

(本项详细描述本项目的标的物，包括系统实现的目标、软件各功能模块、数据建设、系统接口、应用实施等方面的主要内容)

(采购内容的概述)

2.1 系统主要目标

（详细描述通过系统软件开发和应用实施应达到的目标要求）

2.2 软件功能模块

（详细描述各功能模块的主要内容、要求）

2.3 系统集成与接口

（详细描述本系统与其他系统间的数据交换、系统集成等方面的内容、标准和格式要求）

2.4 数据建设

（详细描述需要整理和加工的各类数据内容、边界、成果，如有）

2.5 应用实施

（本项详细描述应用实施的总体内容，包括范围、内容、组织形式、达到的目的、初始化数据的准备、培训内容、文档的要求等）

（应用实施的概述）

2.5.1 应用实施范围

（详细描述系统应用实施的机构范围）

2.5.2 应用实施内容

（详细描述系统应用实施执行的主要内容）

2.5.3 基础数据准备

（详细描述系统运行需要的初始数据，界定边界）

2.5.4 实施文档编制

（详细列举实施过程中需要编制的文档，含实施方案）

2.5.5 开发与应用培训

（详细描述本项目建设各阶段进行的培训内容，包括认知培训、开发培训、系统管理培训、系统应用培训等）

2.5.6 运行规范建立

（详细列举系统建设、运行期间需要制定的编码、标准、规范）

3 总体要求

（本项简要描述本项目建设的总体要求，包括方案、原则、技术路线、达成的目标等方面的总体性要求）

（总体要求的概述）

3.1 原则要求

（简要描述本项目建设应遵循的总体原则、业务规范、数据标准等方面的要求）

1）应遵循的标准规范（包括但不仅限于）：

《计算机软件文档编制规范》（GB/T 8567—2006）

《信息技术 软件生存周期过程》（GB/T 8566—2007）

《信息技术 软件生存周期过程 配置管理》（GB/T 20158—2006）

《软件工程 软件生存周期过程 用于项目管理的指南》（GB/Z 20156—2006）

《计算机软件需求规格说明规范》（GB/T 9385—2008）

《计算机软件测试规范》（GB/T 15532—2008）

《计算机软件测试文档编制规范》（GB/T 9386—2008）

《信息化项目管理办法（试行）》（三峡集团 CTG－G3－××－12－2012）

《信息系统软件开发管理办法（试行）》（三峡集团 CTG－G3－××－04－2012）

《信息系统应用实施管理办法（试行）》（三峡集团 CTG－G3－××－10－2012）

《信息安全管理办法（试行）》（三峡集团 CTG－G3－××－08－2012）

2）先进适用性：________；

3）系统稳定性：________；

4）安全可靠性：________；

5）标准规范性：________；

6）系统开放性：________；

7）系统可扩展性：________。

3.2 技术要求

（详细描述本项目在软件和数据上的技术总体要求、需要达到的目标、关键技术方法的约定等）

（技术要求的概述）

3.2.1 技术路线

（详细描述本项目需要采用的技术路线、关键方法、以及在技术方面应遵循的标准或约定）

3.2.2 系统总体架构

（详细描述在系统设计上采用的系统总体架构或要求）

3.2.3 开发和实施工具

（详细描述在项目建设过程中需要采用的项目管理工具、软件开发工具、系统实施管理工具等方面的要求）

3.2.4 性能要求

（详细描述系统运行在稳定性、易用性、响应性、数据标准性等方面的要求，乙方应根据需求提出具体的指标或描述性要求）

乙方应根据以下要求在设计方案中明确各项性能的具体指标或描述性要求：

1）响应时间：________；

2）并发处理：________；

3）数据库连接：________；

4）系统稳定性：________；

5）负载均衡性：________；

3.2.5 数据要求

（如有，详细描述各类数据在格式、精度、准确性、完整性、规范性等方面的要求）

3.2.6 集成要求

（简要描述系统集成应遵循的标准规范，各功能模块之间、系统与系统间的集成、统一认证和单点登录的集成、数据接口的集成等方面的要求）

3.2.7 安全要求

（简要描述系统在数据加密、用户认证、系统容错、数据存储和传输、备份与恢复、系统日志与审计、用户权限等方面的要求）

1）身份认证：（明确认证方式为LDAP，RADIUS，本地中的一种或多种，明确用户账户密码策略要求）

2）数据加密：（针对鉴权数据、配置文件以及在数据传输过程中的加密要求）

3）日志管理：（对系统操作日志的记录管理、日志审计管理等要求）

4）系统容错支持：________

5）网络安全：________

6）用户权限管理：________

7）其他安全要求：（针对系统在闲时退出、用户在线监控、数字证书等方面的要求）

3.2.8 环境要求

（简要描述系统开发、运行和应用环境的软硬件环境要求、开发工具、配置管理等方面的要求）

3.3 管理要求

（简要描述本项目在建设过程中的组织管理、质量保证、项目进度、知识培训等方面的内容和要求）

为保障本项目按期、顺利、高质量地完成，乙方应组织足够且能胜任相关任务的人员参与项目，与甲方管理人员、技术人员、业务人员等共同组成项目联合工作组，制定详细的项目计划和质量保证、知识转移、人员管理等内容和制度。

3.3.1　项目组织

（详细描述对项目参与各方的人员和资质要求、项目的组织形式和制度要求，包括项目履行地、组织的形式、管理职责分工等，对乙方投入到现场工作的技术人员在数量、时间、资历、业绩等方面提出明确的要求）

3.3.2　进度要求

（详细描述项目各阶段的计划内容和进度要求，阶段划分参考如下）

1）项目工期：________；

2）项目里程碑：________；

3）系统试运行期：________；

4）项目验收日期：________；

5）系统运行质保期：________。

3.3.3　质量保证

（详细描述项目建设过程中的软件开发和实施的质量控制需要采取的措施、内容、流程等要求）

3.3.3.1　系统测试要求

（详细描述本项目需要进行的测试，包括测试的前提条件、方式与步骤、文档、结果等方面的要求）

1）单元测试：（由开发人员进行的单个功能的测试）

2）集成测试：（由开发人员进行的全部功能模块的集中测试，以及兼容性测试）

3）系统测试：（由甲方组织相关人员对系统进行功能、性能、安全等方面测试）

4）验收测试：（由用户、开发团队、监理团队等对系统交付的成果进行测试）

3.3.3.2　版本控制要求

（详细描述在项目建设过程中对软件代码、系统部署、文档版本等控制的组织方法和软件工具的要求）

3.3.4　安装部署要求

（详细描述本项目需要安装的开发、测试、培训、生产等环境的部署和配置要求、步骤，包括对网络、服务器、存储、数据库、操作系统、中间件、开发工具、版本管理、客户端、系统配置等。）

3.3.5　培训要求

（本项详细描述对本项目建设各阶段的培训要求，包括培训的对象、内容、周期和达到的目的等方面的要求）

为保障项目顺利开展、系统有效的管理和应用，在项目建设进展的相应阶段对技术人员、系统管理人员和用户进行培训，培训分为认知培训、开发培训、系统管理培训、系统应用培训等阶段。

1）认知培训：在项目启动阶段，对项目组全体人员进行整体认知培训，培训的主要内容为项目背景、系统架构和组成、开发技术与工具，培训时间不少于________天；

2）开发培训：在系统设计和开发阶段，对技术人员进行需求调研、功能设计、开发工具、系统实施、数据整理、标准规范等方面的培训，使参与开发和实施的人员能掌握相关方法。要求培训时间不少于________天；

3）系统管理培训：在系统投运阶段，对系统管理员进行系统安装部署、性能调优、系统管理及权限分配等方面的培训，使系统管理员能顺利进行系统的日常运行维护。培训可以采取集中授课或单独指导的方式，要求培训时间不少于________天；

4）系统应用培训：在系统运行阶段，根据不同的应用对象采取集中授课或单独指导的方式进行培训，使用户能全面掌握系统的操作。要求集中培训时间不少于______天。

3.3.6 会议要求

（简要描述项目建设过程中相关会议制度）

1）设计联络会：________；

2）项目启动会：________；

3）汇报协调会：________；

4）项目例会：________；

5）项目验收会：________；

6）系统评审会：________。

3.4 建议方案要求

（如有，简要描述需要投标方对本系统建设是否有建议补充方案的要求）

4 成果提交

（详细描述项目需要提交成果的内容和格式要求，包括文档清单）

项目的工作内容及成果的提交应覆盖以下内容，电子文档是成果不可分割的部分。

1）软件成果：（描述对源代码及可执行代码的内容要求和格式要求）；

2）数据成果：（如有，描述对数据成果清单和格式、提交方式的要求）；

3）文档成果：（描述对文档成果清单和格式、提交方式的要求）。（包括但不仅限于以下内容）

系统建设方案；

系统实施方案；

各类标准规范；

用户需求分析报告；

概要设计说明书；

详细设计说明书；

系统测试方案；

系统测试报告；

培训教材；

安装部署手册；

系统运维管理手册；

用户操作手册；

上线运行规范；

系统试运行报告；

阶段验收报告；

5　项目验收

（简要描述项目验收的组织形式、流程、依据，提交的成果）

根据项目建设进度要求，项目验收分为阶段验收和竣工验收。在合同约定的进度款支付前进行阶段验收，当完成合同约定的全部建设内容并满足验收条件后进行项目竣工验收。

5.1　阶段验收

按照项目建设进度要求，在系统开发和实施到一定阶段，按照合同要求提交项目建设阶段成果，经审核通过后方可申请阶段验收，验收通过后形成阶段验收报告。

5.2　竣工验收

按照项目建设进度要求，在系统开发和实施完成后，按照合同要求提交全部项目成果，经审核通过后方可申请系统上线试运行，试运行期满并解决相关问题后，方可申请项目验收，验收通过后形成项目竣工验收报告。

5.3　验收组织

项目验收由乙方提出申请，项目组根据中国长江三峡集团有限公司相关规定组织各相关部门人员组成项目验收组，分别对项目建设情况、系统功能、系统源代码、系统运行情况、项目文档等成果进行检查审核，形成验收意见，报项目归口管理部门批准。

5.4　验收依据

1）国家、行业和公司发布的有关法律法规、标准和规范；

2）项目合同及合同附件等文件；

3）乙方提交的项目验收申请；

4）系统测试报告和系统试运行报告；

5）业务需求说明书或系统建设方案；

6）其他具有法律效力的文件。

6 知识产权

（详细描述项目涉及的成果、资料的归属，相关文件的使用约束，需要申请的知识保护）

7 维护与支持

（简要描述在系统建设期、质保期、应用期内乙方应满足的支持和服务要求，包括服务方式、响应时间、系统维护与升级、和取费标准等内容）

1）项目建设期内的服务要求：________；

2）系统质保期内的服务要求：________；

3）合同结束后的服务要求：________。

8 保密要求

（简要描述在本项目建设过程中和项目完成后，双方对涉及的图纸资料、业务数据、往来文件应遵守的保密义务和责任）

第八章　投标文件格式

______________（项目名称及标段）招标

投 标 文 件

投标人：___________________________________（盖单位章）

法定代表人或其委托代理人：__________________（签字）

______年________月____日

目　录

一、投标函
二、授权委托书、法定代表人身份证明
三、联合体协议书（如有）
四、投标保证金
五、投标报价表
六、技术方案
七、偏差表
八、拟分包项目情况表
九、资格审查资料
十、其他材料

一、投标函

致：______________（招标人名称）：

1. 我方已阅读并充分理解投标人须知中列明的相关法律法规、部门规章以及招标采购和施工管理制度。

2. 我方已仔细研究了__________（项目名称及标段）招标文件的全部内容，愿意以人民币（大写）______元（¥______）的投标总报价，按照合同的约定提供服务并交付成果。

3. 我方承诺在招标文件规定的投标有效期____天内不修改、撤销投标文件。

4. 随同本投标函提交投标保证金一份，金额为人民币（大写）________元（¥______元）。

5. 如我方中标：

（1）我方承诺在收到中标通知书后，在中标通知书规定的期限内与你方签订合同。

（2）我方承诺按照招标文件规定向你方递交履约保证金。

（3）我方承诺将组建项目团队，在合同约定的期限内提供服务并交付成果。

6. 我方已经知晓中国长江三峡集团有限公司有关投标和合同履行的管理制度，并承诺将严格遵守。

7. 我方在此声明，所递交的投标文件及有关资料内容完整、真实和准确。

8. 我方同意按照你方要求提供与我方投标有关的一切数据或资料，完全理解你方不一定接受最低价的投标或收到的任何投标。

9. ____（其他补充说明）。

投标人：________________________（盖单位章）

法定代表人或其委托代理人：____________（签字）

地址__________________________邮编____________

电话__________________________传真____________

电子邮箱______________________________________

网址：____

年______月______日

二、授权委托书、法定代表人身份证明

本人________（姓名）系______________________（投标人名称）的法定代表人，现委托__________（姓名）为我方代理人。代理人根据授权，以我方名义签署、澄清、说明、补正、递交、撤回、修改______________________（项目名称及标段）__________标段投标文件、签订合同和处理有关事宜，其法律后果由我方承担。

代理人无转委托权。

附：法定代表人身份证明

投　标　人：______________________________（盖单位章）

法定代表人：______________________________（签字）

身份证号码：______________________________

委托代理人：________________________________（签字）

身份证号码：________________________________

______年______月______日

注：若法定代表人不委托代理人，则只需出具法定代表人身份证明

附：法定代表人身份证明

投标人名称：____

单位性质：____

地址：____

成立时间：____________年________月________日

经营期限：____

姓名：________________性别：______年龄：______ 职务：______

系________________________________（投标人名称）的法定代表人。

特此证明。

附：法定代表人身份证件复印件

法定代表人身份证件复印件粘贴处

投标人：________________________________（盖单位章）

______年______月______日

三、联合体协议书（如有）

牵头人名称：________________________________

法定代表人：________________________________

法定住所：________________________________

成员二名称：________________________________

法定代表人：________________________________

法定住所：________________________________

……

鉴于上述各成员单位经过友好协商，自愿组成______（联合体名称）联合体，共同参加__________________（招标人名称）（以下简称招标人）________（项目名称及标段）（以下简称本项目）的投标并争取赢得本项目承包合同（以下简称合同）。现就联合体投标事宜订立如下协议：

1. ________（某成员单位名称）为______________（联合体名称）牵头人。

2. 在本项目投标阶段，联合体牵头人合法代表联合体各成员负责本项目投标文件编制活动，代表联合体提交和接收相关的资料、信息及指示，并处理与投标和中标有关的一切事务；联合体中标后，联合体牵头人负责合同订立和合同实施阶段的主办、组织和协调工作。

3. 联合体将严格按照招标文件的各项要求，递交投标文件，履行投标义务和中标后的合同，共同承担合同规定的一切义务和责任，联合体各成员单位按照内部职责的部分，承担各自所负的责任和风险，并向招标人承担连带责任。

4. 联合体各成员单位内部的职责分工如下：__________________________。按照本条上述分工，联合体成员单位各自所承担的合同工作量比例如下：_______________。

5. 投标工作和联合体在中标后项目实施过程中的有关费用按各自承担的工作量分摊。

6. 联合体中标后，本联合体协议是合同的附件，对联合体各成员单位有合同约束力。

7. 本协议书自签署之日起生效，联合体未中标或者中标时合同履行完毕后自动失效。

8. 本协议书一式＿＿＿＿＿＿份，联合体成员和招标人各执一份。

牵头人名称：＿＿＿＿＿＿＿＿＿＿＿＿（盖单位章）
法定代表人或其委托代理人：＿＿＿＿＿＿（签字）

成员一名称：＿＿＿＿＿＿＿＿＿＿＿＿（盖单位章）
法定代表人或其委托代理人：＿＿＿＿＿＿（签字）

成员二名称：＿＿＿＿＿＿＿＿＿＿＿＿（盖单位章）
法定代表人或其委托代理人：＿＿＿＿＿＿（签字）

＿＿＿年＿＿＿月＿＿＿日

四、投标保证金

（一）采用在线支付（企业银行对公支付）或线下支付（银行汇款）方式

采用在线支付（企业银行对公支付）或线下支付（银行汇款）方式时，提供以下文件：

投标保证金承诺（格式）

致：三峡国际招标有限责任公司

鉴于＿（投标人名称）＿已递交（项目名称及标段）招标的投标文件，根据招标文件规定，本投标人向贵公司提交人民币＿＿万元整的投标保证金，作为参与该项目招标活动的担保，履行招标文件中规定义务的担保。

若本投标人有下列任何一种行为，同意贵公司不予退还投标保证金：

（1）在开标之日到投标有效期满前，撤销或修改其投标文件；

（2）在收到中标通知书 30 日内，无正当理由拒绝与招标人签订合同；

（3）在收到中标通知书 30 日内，未按招标文件规定提交履约担保；

（4）在投标文件中提供虚假的文件和材料，意图骗取中标。

附：投标保证金退还信息及中标服务费交纳承诺书（格式）

投标保证金递交凭证扫描件

投标人：＿＿＿＿＿（加盖投标人单位章）＿＿＿＿＿
法定代表人或其委托代理人：＿＿＿＿＿＿（签字）
日　期：＿＿＿年＿＿＿月＿＿＿日

（二）采用银行保函方式

采用银行保函方式时，按以下格式提供投标保函及《投标保证金退还信息及中标服务费交纳承诺书》

投标保函（格式）

受益人：三峡国际招标有限责任公司

鉴于________（投标人名称）（以下称“投标人”）于____年____月____日参加__（项目名称及标段）______的投标，（　　银行名称　　）（以下称“本行”）无条件地、不可撤销地具结保证本行或其继承人和其受让人，一旦收到贵方提出的下述任何一种事实的书面通知，立即无追索地向贵方支付总金额为____________的保证金。

（1）在开标之日到投标有效期满前，投标人撤销或修改其投标文件；

（2）在收到中标通知书30日内，投标人无正当理由拒绝与招标人签订合同；

（3）在收到中标通知书30日内，投标人未按招标文件规定提交履约担保；

（4）投标人未按招标文件规定向贵方支付中标服务费；

（5）投标人在投标文件中提供虚假的文件和材料，意图骗取中标。

本行在接到受益人的第一次书面要求就支付上述数额之内的任何金额，并不需要受益人申述和证实他的要求。

本保函自开标之日起（投标文件有效期日数）日历日内有效，并在贵方和投标人同意延长的有效期内（此延期仅需通知而无须本行确认）保持有效，但任何索款要求应在上述日期内送到本行。贵方有权提前终止或解除本保函。

银行名称：（盖单位章）

许可证号：

地　　址：

负 责 人：（签字）

日　　期：　　年　　月　　日

附件：投标保证金退还信息及中标服务费交纳承诺书

三峡国际招标有限责任公司：

我单位已按招标文件要求，向贵司递交了投标保证金。信息如下：

序号	名称	内容
1	招标项目名称及标段	
2	招标编号	
3	投标保证金金额	合计：¥____________元，大写____________
4	投标保证金缴纳方式（请在相应的“□”内划“√”）	□4.1 在线支付（企业银行对公支付） 汇款人： 汇款银行：　　　　银行账号： 汇款行所在省市： □4.2 线下支付（银行汇款） 汇款人： 汇款银行：　　　　银行账号： 汇款行所在省市： □ 4.3 银行投标保函 投标保函开具行：
5	中标服务费发票开具（请在相应的“□”内划“√”）	□ 5.1 增值税普通发票 □ 5.2 增值税专用发票（请提供以下完整开票信息）： ● 名称： ● 纳税人识别税号（或三证合一号码）： ● 地址、电话： ● 开户行及账号：

我单位确认并承诺：

1. 若中标，将按本招标文件投标须知的规定向贵司支付中标服务费用，拟支付贵司的中标服务费已包含在我单位报价中，未在投标报价表中单独出项。

2. 如通过方式 4.1 或 4.2 缴纳投标保证金，贵司可从我单位保证金中扣除中标服务费用后将余额退给我单位，如不足，接到贵司通知后 5 个工作日内补足差额；如通过方式 4.3 缴纳投标保证金，将在合同签订并提供履约担保（如招标文件有要求）后 5 日内支付中标服务费，否则贵司可以要求投标保函出具银行支付中标服务费。

3. 对于通过方式 4.1 或 4.2 提交的保证金，请按原汇款路径退回我单位，如我单位账户发生变化，将及时通知贵司并提供情况说明；对于通过方式 4.3 提交的银行投标保函，贵司收到我单位汇付的中标服务费后将银行保函原件按下列地址寄回：

投标人名称（盖单位章）：

地　址：　　　　　　　邮编：　　　　联系人：　　　　联系电话：

法定代表人或其委托代理人：　　　　　　　年　　月　　日

说明：1. 本信息由投标人填写，与投标保证金递交凭证或银行投标保函一起密封提交。

2. 本信息作为招标代理机构退还投标保证金和开具中标服务费发票的依据，投标人必须按要求完整填写并加盖单位章（其余用章无效），由于投标人的填写错误或遗漏导致的投标担保退还失误或中标服务费发票开具失误，责任由投标人自负。

五、投标报价表

说明：投标报价表按第五章“投标报价表”中的相关内容及格式填写。构成合同文件的投标报价表包括第五章“投标报价表”有关清单、投标报价以及其他说明的内容。

六、技术方案

投标人根据技术条款要求对具体技术架构、技术方案、进度计划、拟投入项目人员、项目文档提交及进度进行详细描述。

1. 交货说明

合同采购清单交付至买方指定的地点时间应不迟于交货批次清单表中规定的时间。

2. 交货批次及时间

序号	合同采购清单	规格及型号	单位	数量	交货时间	交货地点
一	第一批					
二	第二批					
…	…					

（投标人名称）__________

（授权代表签字）__________

（印刷体姓名）__________

（职　务）_______________

七、偏差表

表 7－1　商务偏差表

投标人可以不提交一份对本招标文件合同条款的逐条注释意见，但应根据下表的格式列出对上述条款的偏差（如果有）。未在商务偏差表中列明的商务偏差，将被视为满足招标文件要求。

项目	条款编号	偏差内容	备　　注

备注：对投标人须知前附表中规定的实质性偏差的内容提出负偏差，无论是否在本表中填写，将被认为是对招标文件的非实质性响应，其投标文件将被否决。

投 标人：＿＿＿＿＿＿＿＿＿＿＿＿＿（盖单位章）

法定代表人或其委托代理人：＿＿＿＿＿＿（签字）

＿＿＿年＿＿＿月＿＿＿日

表 7－2　技术偏差表

投标人可以不提交一份对本招标文件技术要求的逐条注释意见，但应根据下表的格式列出对上述条款的偏差（如果有）。未在技术偏差表中列明的技术偏差，将被视为满足招标文件要求。

项目	条款编号	偏差内容	备　　注

备注：对投标人须知前附表中规定的实质性偏差的内容提出负偏差，无论是否在本表中填写，将被认为是对招标文件的非实质性响应，其投标文件将被否决。

投 标人：＿＿＿＿＿＿＿＿＿＿＿＿＿（盖单位章）

法定代表人或其委托代理人：＿＿＿＿＿＿（签字）

＿＿＿年＿＿＿月＿＿＿日

八、拟分包项目情况表

序号	拟分包内容名称、范围及理由	拟选分包人					备注
		拟选分包人名称		注册地点	企业资质	有关业绩	
		1					
		2					
		3					
		1					
		2					
		3					
		1					
		2					
		3					
		1					
		2					
		3					

备注：投标人需根据拟分包的项目情况提供分包意向书/分包协议、分包人资质证明文件。

投标人：______________（盖单位章）

法定代表人或其委托代理人：__________（签字）

____年____月____日

九、资格审查资料

(一) 投标人基本情况表

<table>
<tr><td>投标人全称</td><td colspan="3"></td></tr>
<tr><td>投标人组织机构代码或统一社会信用代码</td><td colspan="3"></td></tr>
<tr><td>主要业务范围</td><td colspan="3"></td></tr>
<tr><td>法定代表人姓名</td><td></td><td>职务</td><td></td></tr>
<tr><td>投标人地址</td><td></td><td>邮政编码</td><td></td></tr>
<tr><td>电话</td><td></td><td>传真</td><td></td></tr>
<tr><td>成立日期</td><td></td><td>现有职工人数</td><td></td></tr>
<tr><td>资质等级证书</td><td colspan="3">等 级：　　　　　　证书号：</td></tr>
<tr><td>质量管理体系证书</td><td colspan="3">等 级：　　　　　　证书号：</td></tr>
<tr><td>其他</td><td colspan="3"></td></tr>
<tr><td colspan="4">单位简介：</td></tr>
</table>

(二) 近年财务状况表

投标人须提交近______年（______年～______年）的财务报表，并填写下表。

序号	项目	______年	______年	______年
1	固定资产			
2	流动资产			
	其中：存货			
3	总资产			
4	长期负债			
5	流动负债			
6	净资产			
7	利润总额			
8	资产负债率			
9	流动比率			
10	速动比率			
11	销售利润率			

（三）______年以来类似项目业绩

业主单位（业主）			
项目名称			
项目规模			
完成日期（年/月/日）			
工作内容			
主要人员情况			
……			

注：1. 投标人应随此表附上________业绩证明材料（如中标通知书、合同、顾客意见反馈表等的彩色扫描件）。否则，评标委员会将不予采信。

2. 如有多个类似项目，可按此表格扩展。

（四）拟投入本项目人员配备情况表

序号	姓　名	年龄	性别	学 历	专业	职称	在本项目拟任职务

（五）拟投入本项目的主要人员简历表

<table>
<tr><td>姓名</td><td colspan="2"></td><td>性别</td><td></td><td>出生日期</td><td>年 月 日</td></tr>
<tr><td>毕业院校及专业</td><td colspan="4"></td><td>毕业时间</td><td>年 月 日</td></tr>
<tr><td colspan="2">从事本专业时间</td><td colspan="2"></td><td colspan="2">为投标人服务时间</td><td></td></tr>
<tr><td colspan="2">执业注册</td><td colspan="2"></td><td colspan="2">职称</td><td></td></tr>
<tr><td colspan="7">主 要 经 历</td></tr>
<tr><td colspan="2">时 间</td><td colspan="4">参加过的项目名称及规模</td><td>该项目中任职</td></tr>
<tr><td colspan="2"></td><td colspan="4"></td><td></td></tr>
</table>

注：投标人需随此表附上主要人员的职称证、执业注册证等相关资料的彩色扫描件。

（六）其他资格审查材料

以下文件应提供清晰复印件并加盖公章。

（1）企业法人营业执照副本；

（2）与本项目相关的资质证书；

（3）投标人认为必要的其他材料。

十、其他材料

1. 初步评审需要的材料

投标人应根据招标文件具体要求，提供初步评审需要的材料，包括但不限于下列内容，请将所需材料在投标文件中的对应页码填入表格中。

序号	名称	网上电子投标文件	纸质投标文件正本	备注
1				
2				
3				
4				
5				
6				
7				
8				
9				

注：（1）所提供的企业证件等资料应为有效期内的文件，其他材料应满足招标文件具体要求。
（2）投标保证金采用银行保函时应提供原件，单独密封提交。

2. 招标文件规定的其他材料。

3. 投标人认为需要提供的其他材料。